湛庐 CHEERS

与最聪明的人共同进化

HERE COMES EVERYBODY

JUST BABIES
THE ORIGINS OF GOOD AND EVIL
保罗·布卢姆
美国著名认知心理学家、发展心理学家
耶鲁大学最受欢迎的老师
耶鲁大学热门公开课“心理学导论”主讲人
PAUL BLOOM

JUST BABIES

THE ORIGINS OF GOOD AND EVIL

耶鲁大学最受欢迎的公开课主讲人

保罗·布卢姆出生于加拿大蒙特利尔市的一个犹太家庭，22 岁获得麦吉尔大学文学学士学位，27 岁时在麻省理工学院获得认知心理学博士学位，师从著名认知心理学家苏珊·凯里（Susan Carey），并于 1999 年进入耶鲁大学，任教至今。

在学生眼中，保罗·布卢姆是一位充满激情的老师。他的心理学导论课是耶鲁大学最受欢迎的公开课之一，超过 500 人选修，全球有上千万人观看、学习这一公开课的视频。很多人在视频后面留言：最喜欢的一门课程，最喜欢的一位老师！ 2014 年，保罗·布卢姆又通过慕课（MOOC）开讲“日常生活中的道德”（Moralities of Everyday Life），结合认知学、神经学、经济学和哲学等学科来探索道德信仰与道德行为。

充满活力的跨界心理学家

布卢姆博学多闻，他的研究涵盖人的道德认知和道德行为、儿童的宗教信仰、快感的作用机制等。从他教授的课程可一窥他的涉猎之广——认知发展，达尔文、弗洛伊德和图灵，语言和认知，认知科学，七宗罪，道德心理学，儿童、心理学和法律，小说中的科学和想象力，认知快乐的科学，善与恶的认知科学等课程。

《科学》杂志评出的 Twitter 上最有影响力的 50 位明星科学家，布卢姆位列其中。他还是美国哲学与心理学协会（Society for Philosophy and Psychology）前任主席、《行为与脑科学》（*Behavioral and Brain Sciences*）杂志联合主编。

屡获殊荣的杰出教授

2011 年，布卢姆因对“快感是如何作用的”的研究获得了美国心理学会颁发的威廉·詹姆斯研究奖（William James Fellow Award）。2004 年，他因在社会科学教学方面的卓越贡献，获得了莱克斯·希克森奖（Lex Hixon Prize）。2003 年，因其在哲学与心理学跨学科方面的贡献，获得斯坦顿奖（Stanton Prize）。2000 年，他因对于儿童如何学习词汇的含义的出色研究获得美国出版商协会颁发的心理学卓越奖。他的文章《上帝是个意外？》（*Is God an Accident?*）荣获美国最佳科学写作奖。

JUST BABIES

THE ORIGINS OF GOOD AND EVIL

携手研究婴幼儿心理的专家伉俪

和许多科学家伉俪一样，布卢姆的太太卡伦·温（Karen Wynn）也是著名心理学家，现任耶鲁大学婴幼儿认知中心（Yale Infant Cognition Center）主任，对婴幼儿的研究已长达二十多年。二人携手进行了多项心理学研究，其中针对 3~21 个月大的婴幼儿所做的"是非观念测试"实验引起了学界和主流媒体的广泛关注。

研究表明，快速成长的婴儿显示出人类在生命之初就具备一种根本的道德感。通过精心设计的实验，我们甚至可以在婴儿生命的头一年就看到道德之光在闪烁，也能观察到道德判断和道德感觉。对是非善恶的判断似乎在每个人的骨头里，与生俱来。这一系列的研究成果除了发表在学术期刊，众多主流媒体也争相报道，包括英国《每日邮报》、美国《纽约时报杂志》和美国国家公共广播电台。

JUST BABIES

THE ORIGINS OF GOOD AND EVIL

JUST BABIES

善恶之源

THE ORIGINS OF GOOD AND EVIL

【美】保罗·布卢姆（Paul Bloom）◎著
青涂◎译

人之初到底是性本善还是性本恶呢？
或者我们生来是一张白纸，需要外部世界教导我们怎样明辨是非？

扫码下载“湛庐阅读”App，
去婴儿实验室一探究竟吧！

这本书的角度新奇而深刻，讨论了我们从婴儿时期开始的道德发展，以有力的证据证明了基因与环境如何发生微妙的交流互动，造就了如今的我们……堪称社会科学爱好者和家长们的必备读物。

丹·艾瑞里 | Dan Ariely
美国杜克大学心理学和行为经济学教授
著有《怪诞行为学》(*Predictably Irrational*)

保罗·布卢姆以引人入胜的方式探索了婴儿的道德偏好。这本书绝不仅仅关于婴儿，它深入发掘了我们所有人的道德本质。每个想要更了解我们这种道德生物的人，都应该看看这本书。

彼得·辛格 | Peter Singer
美国普林斯顿大学生物伦理学教授
著有《你能拯救的生命》(*The Life You Can Save*)

保罗·布卢姆的思路实在太有趣了，随他一同追寻人类道德的起源实在是一件难得的乐事。布卢姆以清晰、机智的文风告诉我们，我们可以从婴儿身上学到许多东西——我从这本杰出的作品中学到的每一件事都充满了惊奇和愉悦。

埃米莉·贝兹伦 | Emily Bazelon
美国《石板》(*Slate*)杂志高级编辑
著有《棍棒和石头》(*Sticks and Stones*)

这本书洞见深刻、观点新颖、行文优美，正是无数读者眼中心理学界最杰出的作者和最睿智的头脑应该写出来的东西。

丹尼尔·吉尔伯特 | Daniel Gilbert
美国哈佛大学心理学教授
著有《撞上快乐》(*Stumbling on Happiness*)

“善恶之源”是一个充满野心的标题，但这本书确实实至名归。保罗·布卢姆把优雅、机智的写作风格和严谨的治学风格结合在一起，有力地解释了人类如何以及为何会如此高尚，又如此可怕……这本书促使我们反思自身，像一个启蒙思想的工具，帮助我们再向“好人”迈进一步。

罗伯特·赖特 | Robert Wright
美国前总统克林顿智囊
著有《道德动物》(*The Moral Animal*)

保罗·布卢姆是一名懂得如何讲述迷人故事的科学家。最近初为人父的我发现这本书不仅读起来令人享受，也让我对儿子的道德感发展有了更深入的认识。

乔舒亚·福尔 | Joshua Foer
美国记忆大师
著有《与爱因斯坦月球漫步》(*Moonwalking with Einstein*)

这本书为道德科学研究作出了关键性贡献，填补了我们对人类本质认识的一大空白。它读起来还特别引人入胜，简直是读科学著作的一个额外惊喜！

迈克尔·舍默 | Michael Shermer
《怀疑论者》(*Skeptic*)杂志出版人
著有《当经济学遇上生物学和心理学》(*The Mind of the Market*)

保罗·布卢姆是当代最优秀的心理学家和作者之一。在这本书里，他把实验数据与迷人的故事和精湛的分析相结合，探索了人类有史以来面临的一个最深刻的问题：我们是如何成为有道德之人的？他以博学睿智而又充满激情的笔墨，讨论了思考和理性在我们日常生活中的首要地位，而这正是现代心理学热门领域未予重视的真理。

萨莉·萨特尔 | Sally Satel
著有《洗脑》(*Brainwashed*)

JUST BABIES

THE

ORIGINS

OF

GOOD AND *EVIL*

人终将是一个社会性的人，因此这也是他道德形成的目的。他仅被赋予了与社会性有关的对错之感。这种对错感就如同听、看和感觉一样，已经成为他本性的一部分；而这也正是道德的真正基础……道德感，或者说良知，就像一个人的大腿和胳膊一样，是他身体的组成部分。每个人都被赋予了道德感，只是有的比较强，有的比较弱，就像每个人四肢的力量也有大小之分一样。

托马斯 · 杰斐逊 | Thomas Jefferson | 1787

引言

卑鄙的我，高尚的我

2005年，一位家住美国得克萨斯州达拉斯市的作家弗吉尼娅·波斯特莱尔（Virginia Postrel）听说，有个她认识的名叫萨莉的人患上了严重的肾脏疾病。如果没有人为萨莉捐献肾脏，她很快就得靠血液透析机过活了：每周要进行三次血液透析。弗吉尼娅了解了一些疾病知识，和丈夫商量好之后，便启程飞往华盛顿特区，把自己的右肾移植到了萨莉体内。肾脏移植通常发生在家庭成员之间，但是弗吉尼娅和萨莉并没有亲属关系，她们甚至都不算是特别亲密的朋友。但是弗吉尼娅说，她很同情萨莉的遭遇，希望自己能通过肾脏移植这种直截了当的方式为萨莉提供帮助。还有人做得更"过分"：他们会通过"matchingdonors.com"之类的网站，向完全不认识的陌生人捐献肾脏或其他器官。

有人认为，这种无私的利他行为无疑证明了上帝的存在，因为只有上帝才能在我们的头脑中植入这般高尚的道德原则。很多著名科学家都秉持这样的观点，其中就包括美国国家卫生研究院（National Institutes of Health，NIH）院长弗朗西斯·柯林斯（Francis Collins）。他认为，人类这种甘愿为他人奉献的无私精神，恰恰证明生物进化学说有一个严重不足——它无法充分解释我们何以会产生道德判断、作出道德行为。于是他们试图向神学寻找解释。

虽然人性中有如此高尚的善心，但人性中也存在令人战栗的残忍。今天早晨我在报纸上读到这样一则消息：一个男人被女友甩了，男人就一路尾随，伺机往她脸上泼硫酸。我到现在还记得自己小时候第一次听说“纳粹大屠杀”事件时的震惊：毒气室、残暴的医生、年幼的孩子被做成肥皂和灯罩。如果我们把人性的善良视为上帝存在的证据，那么人性的残忍是否也能证明魔鬼的存在呢？

人性的善良和残忍，还常常以不那么极端的方式表现出来。就我个人而言，我对自己做过的坏事印象最为深刻。过去曾作出的某些不当选择到现在还令我内心难安，犹如有虫蚁啮咬（如果你从来没有过这种感觉，那只能说你是一个比我高尚得多的人——或者比我卑劣得多）。我曾经犯下许多善意的错误，因为我当时深信自己作出的选择是正确的。然而，有些时候，虽然明知正确的做法是什么，却仍选择背道而驰。正如《星球大战》里的尤达大师所言：“黑暗的力量过于强大。”但尽管我还留着自己的两个肾脏，我也曾经确实为他人作出过牺牲，为我认为正确的事承担风险。所以综合来看，我是一个完全正常的人。

人类的道德问题总让我们深深着迷。我们最喜欢的故事，讲述的往往是善与恶的斗争——不管是虚构的（比如小说、电视剧和电影），还是真实的（比如新闻报道和历史记录）。我们希望看到好人得好报，但我们最希望看到的，还是坏人遭恶报。

我们对惩罚“坏人”的热爱，可能会让我们走向极端。几年前在英国发生过这样一件事。一只猫走失了，几小时后，人们发现它被关在垃圾桶里。而这条街上有个监控摄像头，碰巧拍到了一切。猫的主人在检查录像带时发现，原来是有一名中年妇女把猫抓了起来，看四下无人，就打开垃圾桶把猫丢进去，然后关上盖子走开了，就像什么事也没发生过一样。猫的主人把这段录像传到了社交网站 Facebook 上，结果很快就有人认出录像中的那位女士叫玛丽·贝尔。

我们很容易就能明白，为什么玛丽的行为会惹恼猫的主人（当然还有那只猫）；但是我们似乎很难解释，为什么成千上万的人在看了那段视频之后都会愤愤不平。他们想让她付出代价、“血债血偿”。有人甚至专门建了一个 Facebook 页面，名为“玛丽·贝尔去死”（Death to Mary Bale）。玛丽的生命受到严重威胁，导致警方不得不出面保护她的人身安全。如果人们怀疑某人作出不道德行为，他们真的有可能会杀人——过去因此而惨遭暴徒谋杀之人不在少数。而所谓的不道德行为，在另一些人眼里却可能是完全符合道德要求的，比如婚前性行为。

那么，我们应该如何理解人类的道德本质？可能很多人都会认同柯林斯的观点，觉得这其实是一个神学问题；还有人相信，我们理解道德的最佳方式，就是揣摩小说家、诗人和剧作家在作品中对人性细致入微的刻画；还有人喜欢从哲学角度思考道德问题，他们不只关心人的思想和行为，还关注规范伦理学（normative ethics，简单来说就是“人应该做什么”）和元伦理学（metaethics，简单来说就是“对与错的本质分别是什么”）。

当然，也有人求助于科学。我们已经可以采用科学方法来研究人类精神生活的其他方面，比如语言、知觉和记忆，我们当然也可以采用同样的办法来探究道德的本质。我们可以比较不同社会的道德推理（moral reasoning），也可以研究同一社群中人们的道德差异，比如美国的自由派和保守派。我们还可以研究某些特殊案例，比如残酷冷血的心理变态者。有些人可能还会提出疑问：其他生物（比如黑猩猩）是否也拥有我们所谓的道德？因此，我们还能凭借进化心理学的帮助，探索道德感究竟从何进化而来。社会心理学家还会研究外部环境对个人心理造成的影响，比如哪种环境因素能让人变得更善良，或者更残忍。神经学家还会观察大脑活动，研究大脑哪些部位与道德推理有关。

我将会在本书中论及上述全部内容。但我本人是一名发展心理学家，我最感兴趣的还是尚处于萌芽状态的道德，即婴儿和幼儿身上表现出来的道德意识。我将会带你回顾当代发展心理学研究为我们揭示的无数令人惊讶的事实，让我们对人类的道德生活有更为深入的理解。托马斯·杰斐逊在给朋友彼得·卡尔（Peter Carr）[①] 的信里写道："道德感，或者说良知，就像一个人的大腿和胳膊一样，是他身体的组成部分。每个人都被赋予了道德感，只是有的比较强，有的比较弱，就像每个人四肢的力量也有大小之分一样。"他说对了。

杰斐逊认为，我们天生就有道德感。持类似观点的，还有一些与他同时代的启蒙运动哲学家，比如亚当·斯密（Adam Smith）。在本书完成之前的那个夏天，我在苏格兰的爱丁堡住了一段时间。就在那时，我发现自己深深迷上了亚当·斯密的《道德情操论》（*The Theory of the Moral Sentiments*）。当然，他更为人熟知的作品是《国富论》（*An Inquiry into the Nature and Causes of the Wealth of Nations*），很多人都是因为这本书才接触到他的思想的。但是亚当·斯密本人认为《道德情操论》写得更好。这本书行文优美、见解深刻，充满人文关怀。他在书中深入探索了想象力和共情的关系、同情的界限、我们对做错事的人施以惩罚的愿望，还

① 彼得·卡尔也是杰斐逊的侄子。——译者注

有其他许多与人类道德有关的问题。尤其有趣的是，我可以站在亚当·斯密的角度重新审视许多当代的科学发现。因此，我将像个才读过一本专业书籍的本科生一样，在本书中大量引用他的论述。

本书的大部分内容都在阐释以进化生物学和文化人类学为佐证，发展心理学是如何支持杰斐逊和斯密的观念的：我们天生就拥有某些道德本能。我们的道德本能包括：

◎ 道德感——我们有一定的区分善意和恶意行为的能力。
◎ 共情和同情——我们会因周围人的痛苦而痛苦，进而希望自己能消除他人的痛苦。
◎ 原始的公平意识——我们更喜欢平均分配资源。
◎ 原始的公正意识——我们渴望看到善行得好报，恶行遭惩罚。

然而，我们先天的善良本性其实相当有限，有时甚至少到令人发指。托马斯·霍布斯（Thomas Hobbes）[①] 在 1651 年指出，“自然状态中”的人类其实既邪恶又自私。在某些情况下，霍布斯的看法是对的，我将在本书中带你探索一番：我们天生就对陌生人态度冷漠，甚至怀有敌意；我们见解偏狭，而且无法容忍与自己持不同意见之人；我们还有某些本能的情绪反应（其中最值得留意的就是厌恶感），可能会让我们犯下极其可怕的恶行，比如种族大屠杀。

我将会在本书倒数第二章向你证明，为何研究婴儿的道德本能可以让我们从新的角度来审视成年人的道德心理；而成年人的道德心理将会告诉我们，本能偏好又如何把世界划分为家人、朋友和陌生人。我将在

① 托马斯·霍布斯，17 世纪的英国政治哲学家。他在 1651 年出版了经典著作《利维坦》（*Leviathan*），为未来的西方政治哲学发展奠定了根基。“利维坦”原为《圣经》中记载的一种怪兽，霍布斯用它来比喻强势的国家。——译者注

最后一章里带你探索，我们如何才能打破自己先天的道德限制——我们的想象力、同情心，特别是智慧，如何让自己拥有更深刻的道德洞察力，推动道德进步，远远超越婴儿的局限。

JUST BABIES

THE ORIGINS OF *GOOD* AND *EVIL*

扫描二维码，观看本书相关网络课程
“日常生活中的道德”

JUST BABIES

目录

THE ORIGINS OF GOOD AND EVIL

JUST BABIES

第1章

每个人的内心，都活着一个苛刻的道德家

|婴儿的道德生活|

THE ORIGINS OF GOOD AND EVIL

这位一岁大的婴儿决定自己出手，伸张正义。他刚看了一场玩偶戏，戏中共有三个角色。中间那个拿起一只球，传给右边的小伙伴，右边那个接过球后又把它传了回去。然后中间那个又把球传给左边的小伙伴，但是左边那个接过球后就带着球跑了。这出戏落幕之后，“好人”和“坏人”都被带下戏台，放在这位一岁的小男孩面前。它们面前各有一件完全相同的奖品，小男孩可以选择一个拿走。这个小男孩的选择同研究人员的预期完全一样，也和实验中绝大多数刚开始学习走路的幼儿完全一样——他拿走了“坏人”面前的奖品。但他觉得还不够“解气”，只见他向“坏人”探过身去，给它头上来了重重一击。

我将在本书中列举许多类似的实验，证明人类天生就拥有某些道德特质，还有一些道德特质是后天习得的。我们都拥有道德感，让我们可以评判他人，指导我们对他人予以同情或谴责。我们生来就懂得以良善之心待人，至少部分时候如此。但我们也拥有某些丑恶的本能，它们可能会愈演愈烈，甚至变为残忍和邪恶。19 世纪的天主教牧师托马斯·马丁（Thomas Martin）认为儿童“拥有堕落之本性”，并且总结说：“我们诞生于世之时，即拥有邪恶残忍之本能倾向。”他的话也并非完全错误。

天生的道德

婴儿拥有道德？我知道，部分读者可能觉得难以置信。但是我很清楚自己在说什么。

这里所说的“婴儿”，指的就是字面意义上的婴儿，或者用莎士比亚的话说，是那些“在保姆怀中又哭又吐”的小家伙。但是“婴儿”这个词的定义范围还是太广。我在本书中一般不讨论年龄在三个月以下的婴儿，这在很大程度上是因为我们缺乏相关的实验数据——以我们目前掌握的实验方法，很难搞清楚他们在想些什么。对于在没有充足实验数据支持的情况下讨论他们的道德生活，我持谨慎态度。就算人类生来就拥有某些道德特质，它们或许也和其他许多生理特征一样，并非打一开始就显现出来——想想雀斑、智齿和腋毛吧。大脑和我们身体的其他部位一样，成长发育都需要时间。所以，我并不打算强辩人在刚出生的时候就拥有道德。我真正想阐述明白的是，人类的某些道德原则并不是后天习得的。它们并非来自于母亲膝头的教诲，或者学校和教堂的指导——它们其实是生物进化的产物。

那么“道德”究竟是什么？每位道德哲学家都对“道德”有不同的定义，还有很多“非哲学家”（nonphilosopher）[①]压根儿就不喜欢用这个词。我曾经跟不少朋友聊过这本书的内容，不止一个人回应道：“我不相信道德。”有一位可爱的女士甚至对我说，道德不过是限定你能跟谁上床、不能跟谁上床的规则罢了——我不确定她是不是在开玩笑。

① “非哲学”的观点是由法国当代哲学家弗朗索瓦·拉吕厄尔（François Laruelle）提出的。他认为，凡是“哲学”，都拥有共同结构，遵循共同方法，由思想而至现实，拉吕厄尔称之为“哲学的决定”；而“非哲学”则与之相反，拒绝一切哲学的决定，由现实而至思想。——译者注

如果一味纠缠于术语，那就一点意思也没有了。我们在用“道德”这个词的时候，可不会管它有多少重哲学含义，我们通常是想怎么用就怎么用。但我在本书中讨论的“道德”，也就是我有兴趣探索的这种东西（不管你叫它什么），可不仅限于性行为规则。下面就是一个有关道德问题的简单案例：

> 一辆满载年轻人的小汽车缓缓驶过公交车站，车站里有一位正在等车的老妇人。这时，一个年轻人探出车窗，给了妇人一记耳光，把她打翻在地。然后，车上的年轻人纵声大笑，驾车而去。

除非你是个心理变态者，否则你一定觉得这群年轻人的行为是错误的，而且是某种特殊类型的错误。它不是社交活动中的小小失态，比如把衬衫穿反了还浑然不知；它也不是混淆事实的错误，比如认为太阳绕地球运转；它的错误也不在于公然违反某条既定规则，比如在国际象棋比赛里将“兵”向前移动了三步；它也不是个人品位上的错误，比如认为《黑客帝国》第二部拍得比第一部好。

它违反了道德。而违反道德的行为，会让人产生某些特定的情感和渴望。你可能会同情那位老妇人的遭遇，对那群青少年的恶行感到愤怒。你可能想看他们受到惩罚，认为他们应当为自己的行为感到羞愧，至少应该向那位老妇人道歉。这时，如果你忽然想起来，在很多年前你也曾经是那群年轻人中的一个，你可能会倍感内疚和羞惭。

在违反道德的行为之中，动手打人是最基本的一种。哲学家及法学家约翰·米哈伊尔（John Mikhail）认为，未经他人同意故意攻击他人身体，或者用法律术语说就是犯了“殴击罪”（battery），在所有人看来都是极为恶劣的。如果我们真有一条超越时空限制而普遍适用的道德准则，它很可能就是：如果你打了某人的脸，你最好能给出一个真正合理的解释。

还有些违反道德的行为不像动手打人一样直接。比如说，那群年轻人可能向老妇人扔砖头，或者故意从侧面把她的车撞坏。就算她本人当时没在现场，这类行为也会给她造成伤害。他们还可能会杀死她的狗，或者在喝醉酒的情况下不小心开车撞到她本人——就算他们本来并非存心伤害，他们的所作所为也一定是错误的，他们早该明白这一点。

还有些道德错误甚至不需要物理接触——他们可能会拿种族歧视的字眼对她大加谩骂，用电子邮件向她发出死亡威胁，散播恶毒的流言，勒索她，在互联网上散布她的不雅照片……凡此种种，不胜枚举。在这样一个深夜时分，当我独自坐在计算机前写下这段话时，我承认，我感到了深深的震撼：我甚至都不用离开书桌，就能轻易做这么多可怕而违法的事情。我们现代人只需轻敲几下键盘，就能轻易犯下重罪。

在某些情况下，就算你什么都没有做，也是不道德的。如果父母故意不去照顾孩子的饮食，他们无疑做错了事；如果我们知道有人听任自己的宠物猫狗挨饿而死，我们大多数人也都会产生同样的想法。有时候，法律也来自于普遍性的价值判断。现在让我们来看看两个年轻人的故事。

> 时间回到1988年，杰里米·斯托梅尔（Jeremy Strohmeyer）和戴维·卡什（David Cash）走进一家位于内华达州的赌场。斯托梅尔尾随一位7岁女童走进女盥洗室，在那里将其猥亵杀害。无论是从道德还是法律的角度来看，斯托梅尔的行为无疑都是错误的。但是卡什呢？他当时也在那间盥洗室里，和斯托梅尔在一起。虽然他曾试图阻止斯托梅尔，但是态度并不坚决，后来干脆听之任之，自己离开了现场。我们又该如何看待他的行为呢？他后来说，他当时不打算“为别人的问题操心”。

> 后来斯托梅尔进了监狱，但是卡什没有。因为根据内华达州的法律，未能阻止犯罪并不算作违法。但是在很多人看来，他确实做了错事。人们相约来到他就读的大学游行示威，要求校方把他开除。（事实上，内华达州的立法者在此案之后修改了本州的法律，让它更能迎合公众的情感。）直至今日，人们仍然通过互联网来追踪卡什的一举一动，主动报告他的行踪，希望毁掉他找工作和交朋友的机会——虽然他们自己并没有因为卡什当年未能阻止犯罪而受到丝毫影响。

这个事例足以说明，我们有多么重视道德错误。我们不仅仅把卡什看作坏人，我们中很多人还有意要让他受到惩罚。但也有一些道德错误行为，造成的“伤害”可能并不明显，比如：

- ◎兽交（假设没有给动物带来任何痛苦）。
- ◎违背对已逝之人的承诺。
- ◎污损国旗。
- ◎和一个熟睡的孩子发生性接触（但是这个孩子没有受到伤害，而且永远不会知道这件事）。
- ◎成年兄弟姐妹在知情同意的情况下发生乱伦。
- ◎在双方同意的情况下发生的食人行为（比如说甲希望死后被乙吃掉，而且乙也愿意帮忙）。

其中有些行为可能确实会给人带来伤害，比如乱伦。就算是在知情同意的情况下，而且当事双方都是能对自己负责的成年人，乱伦也可能会给人带来心理伤害。但是其他行为呢？真要严格说起来的话，其实并没有人受到实质伤害。但是在许多人看来，这类行为给我们带来的感受，就和身体伤害一样——我们会对肇事者感到愤怒，希望他们受到惩罚。

我刚刚列举的这些事例，在你看来可能非常造作不真实。但我们很容易就能在现实生活中找到类似的例子——虽然没有人因此受害，但是这类行为却能轻易激起他人的道德义愤。比如说，在某些地方，双方知情同意的同性恋关系也可能被视为罪恶。更有甚者，在某些国家，同性恋伴侣可能会因此被判处死刑。（的确，有时“道德”确实与你能跟谁上床有关。）在某些社会，人们认为婚前性行为会极大地损害女方家族的荣誉，所以女孩的父亲往往觉得，自己必须亲手杀死女儿才能挽回家族声誉。很多国家制定了详细的法律规章，来抵制卖淫嫖娼、毒品、安乐死、成年兄弟姐妹通婚和身体器官买卖。这类行为禁令，有时确实可以用“伤害”来解释，但是它们的产生根源，往往在于我们的内在感受——我们就是觉得这类行为大错特错，也许是因为它们侵犯了人类的尊严。因此，每一种道德心理学理论都必须解释，我们的内在直觉如何影响我们的心理活动，以及这些内在直觉从何而来。

但并非所有的道德问题都一定与“错误”有关，道德问题也包括“什么是正确的行为”。心理学家费利克斯·沃内肯（Felix Warneken）和迈克尔·托马塞洛（Michael Tomasello）就做过一个关于幼儿自发帮助他人的实验。

GOOD AND EVIL 实验室

他们设计了这样一个场景：幼儿和母亲一起待在某个房间里。一位成年人走进房间，怀里抱满了东西，挣扎着想要打开一扇柜子门。房间内并没有人望向幼儿、怂恿他帮忙，或者直接向幼儿求助。但是，居然有差不多一半的幼儿决定伸出援手——他们会主动站起来，摇摇晃晃地走过去，为那个遇到麻烦的大人打开柜门。

这仅仅是一个关于小孩子的小例子，但我们可以从中窥见善良的萌芽，我们还能看到有许多人愿意为他人奉献时间、金钱和鲜血，甚至帮助自己完全不认识的陌生人。此时，我们就能看到更大的善心，人们把这样的行为视为“道德”，它能让人产生发自内心的骄傲和感激。我们会说，这类行为是符合道德标准的良善行为。

所以说，“道德”一词的定义范围相当宽泛。它不单包括恶劣和受人指摘的部分，也包括温暖和利他的部分。或者用亚当·斯密的话说，包括“所有社会性及善意的情感，比如慷慨、人道、仁慈、同情、相互友爱与尊重”。

道德的进化之路

有些道德传统和道德观念纯粹是后天习得的，因为它们在不同文化中拥有不同的面貌。只要你曾出门旅行，或者你的阅读面足够广泛，你就一定知道，不同文化之间必然存在着道德差异性。希罗多德[①]早在2 500年前就注意到了这一点。他把自己的观察写入《历史》：“每个人都信守自己本土的风俗传统，无一例外。而且他们还十分坚信，自己从小接受的宗教就是世界上最好的宗教。”随后他记述了波斯国王大流士的故事：

> 他有一次召见住在他国土上的希腊人，问他们需要多少报酬才愿意吃掉自己父亲的遗体。希腊人回答说，无论给他们多少钱，他们都不会这样做。他又找来印度的卡拉提亚人，那是一个会在丧父之后吃掉父亲遗体的部落；还找来一名翻译，这样希腊人也能听懂他们说话。他问卡拉提亚人，他们需要多少报酬才愿意火

① 希罗多德，生活于公元前5世纪的古希腊历史学家，曾游历地中海和波斯，把所见所闻记录下来，著成《历史》，人称“历史学之父”。——译者注

化自己父亲的遗体。卡拉提亚人发出了恐惧的哭号，恳请他不要再提这么可怕的事。由此可知，习俗的力量有多么强大。

我们随随便便就能举出许多“奇异”的道德观念，与我们自身所处的文化或时代格格不入。比如说，本书绝大多数读者可能都觉得，仅仅因为某人的皮肤颜色而仇视此人在道德上一定是错误的。但这只是我们现代人的观念。事实上，在人类历史的绝大部分时间里，没人觉得种族主义有什么错。至于当今社会的道德差异，其实不胜枚举。我最喜欢人类学家理查德·史威德（Richard Shweder）给出的总结。他列出了一连串社会道德差异。不同社会对这些行为或事物的看法各不相同，有的表示赞扬，有的表示排斥，还有的没什么特别感觉。这张单子很长：

自慰、同性性行为、禁欲、一夫多妻、人工流产、包皮环切术、体罚、死刑、基督教、犹太教、资本主义、民主、焚烧国旗、迷你裙、长发、秃头、饮酒、食肉、接种疫苗、无神论、偶像崇拜、离婚、寡妇再婚、包办婚姻、爱情婚姻、父母和孩子睡在一张床上、父母和孩子睡在不同床上、允许女性工作、不允许女性工作……

虽然希罗多德和史威德都重在讨论道德差异，但是他们也同时暗示，人类社会可能存在着某些普遍适用的道德原则。人类学家有关民族志的报告往往会忽略各文化的共通之处，原因之一在于，人类学家倾向于夸大其他民族的“异域特色”。另一个原因是，从人类学家的视角来看，描述共同点实在没什么研究意义；就好比一本旅行手册上写着，你将会遇到的这群异国人士有鼻子、会喝水、会随时间流逝而老去——这些事情显而易见，完全不值得留意。比如所有人都本能地反对撒谎、违约和谋杀，但我们早已司空见惯，将之视为理所当然。希罗多德没有提及某一民族对如何处理逝者遗体毫不在意，史威德也未提及有谁对乱伦行为毫不关心，这是因为这样的社会可能并不存在。

如果你认为进化的意义只不过是“适者生存”，或者是“尖牙利爪之下的血色自然之道”，那么这些普遍性的道德观念就不可能根植于我们的本性之中。但是在达尔文提出进化论之后，进化论又有了长足的发展。我们现在知道，自然进化远比达尔文这位马尔萨斯主义者[①]口中的“生存挣扎”更为微妙。虽然自然选择本身没有“道德”可言，但是它可能在我们的基因之中为道德思考和道德行为打下了基础。

比如有一种道德意识是“善待血亲”。从进化的角度来看，这条策略的优势显而易见。我们可以举一个最简单的例子，假设一位父亲和自己的孩子共同生活。我们不需要建立任何复杂的进化模型，就知道如果这位父亲肯悉心照顾自己的孩子，那么他的基因就更有可能得到传播；反之，如果他抛弃或者吃掉自己的孩子，他的基因就不太可能传递下去。

除了直系亲属间存在血缘纽带之外，兄弟姐妹甚至表亲之间也存在血缘联系，只不过要弱于直系亲属。但是血缘纽带只是强弱不同而已，并没有什么本质区别。进化生物学家约翰·霍尔丹（J. B. S. Haldane）的故事可以很好地说明这一点：他曾被人问及，自己是否愿意以死来拯救溺水的兄弟。他回答说“不”——但是如果他能救两个兄弟，或者 8 个表亲的话，他就愿意献出生命。因为平均来说，他和每个兄弟都有一半的基因相同，和每个表亲都有 1/8 的基因相同，所以从基因的角度来

① 马尔萨斯主义的代表人物是 17 世纪的英国经济学家托马斯·马尔萨斯（Thomas Malthus）。马尔萨斯在其代表作《人口论》（*An Essay on the Principle of Population*）中提出了“马尔萨斯人口论”，把人口问题同社会状况联合起来加以考察，认为人口呈几何级数增长，粮食和其他生产则以算术级数增长，所以如果不控制人口增长速度，人类社会必将走向贫穷。——译者注

看，他作出了明智的选择。霍尔丹非常聪明，在回答时特意强调了基因计算——很少有人能意识到，我们都拥有保护基因的本能，但正是这类令人难以察觉的基因计算，恰恰能解释我们的很多动机和欲望。似乎只要基因能够保存下来，那么它究竟是存在于某个特定个体，还是他的血亲，其实并没有太大分别。[①]这样来看，自私的基因也能创造出无私的动物——他们会以无私之心珍爱他人，就好像他们珍爱自己一样。

我们也能以友善慷慨之心对待那些和我们没有任何血缘联系的人。这条策略的进化原因显而易见：正因为有了共同劳作，我们的族群才得以繁荣兴盛。我们的祖先会一起狩猎、一起采集果实、一起照顾幼子……而我们的社会性情感也让这种合作关系成为可能。早在达尔文之前，亚当·斯密就明确指出了这一点："人类社会的所有成员都需要得到他人的协助，也同样可能受到他人的伤害。如果社会成员出于热爱、感激、友谊和尊敬而相互帮助，社会就能兴旺发达，而且让人内心充满愉悦。"也就是说，友善对待周围的人，可以给我们每个人都带来好处。

但我们还需解释这样一个难题：要想通过协作而让社会繁荣发展，每个社会成员都必须克制自己的私欲，不能占他人的便宜。好社区中的坏角色，就好比伊甸园里的那条蛇[②]，也就是进化生物学家理查德·道金斯（Richard Dawkins）所说的"从内部颠覆"（subversion from within）。这条潜藏在社区里的伊甸园之蛇会劫取最甜美的果实，不付出任何代价就能从合作中受益。如果恶魔的基因繁衍扩散，那么毫无疑问，整个人类社会只会越变越糟。但这其实并不是问题的答案，因为自然选择不会

① 动物这种通过帮助自己亲属来提升生存和繁殖成功率的方式被称为"亲缘选择"。——译者注

② 根据《圣经》传说，伊甸园里的蛇引诱夏娃吃了真理树上的苹果，导致人类被上帝逐出伊甸园。——译者注

考虑“整个人类社会”。所以我们仍然需要解释：为什么我们的族群没有被恶魔的基因完全霸占？为什么我们现在没有生活在一个充斥着心理变态者的世界？

达尔文学说认为，人类的合作特质拥有进化优势。如果某个社会的成员能够通力合作，那么这个社会就更有可能战胜其他缺乏合作关系的社会。换句话说，他认为自然选择更倾向于在群体层面上作出选择，而非在个体层面上作出选择。达尔文曾经假设，在两个部落发生冲突时，“如果其中一个部落的成员……有勇气、同情和信念，随时准备向同伴发出危险预警，愿意彼此协助和保护，那么这个部落无疑会拥有更大的生存概率，并且一定能战胜它的对手”。但还有另一种理论更强调个体层面上的自然选择，也就是由好人来惩罚坏人。就算没有达尔文所说的部落冲突，如果社会成员在种种条件吸引之下，倾向于奖励友善个体并与之交往，倾向于惩罚（或至少避开）骗子、小偷、暴徒和不劳而获者，那么人类社会也能进化出利他行为。①

然而，还有些普世性的道德公理，似乎很难从进化的角度加以解释。我们为什么特别重视性生活的道德问题？我们为什么很容易依据表面身体特征来进行道德上的区分，比如只凭皮肤颜色就判人之高下？我们又该如何解释某些道德观念的起源，比如所有人都应该享有同等的权利？这些都是我将在接下来几章里重点讨论的问题。

探究婴儿大脑中的道德地图

我们确实应该仔细思考一番，自己是否真正拥有先天承继而来的普

① 这一理论被称为“互惠型利他”（reciprocal altruism）。——译者注

世道德。除了研究婴儿的想法之外，我们没有其他办法可循。

但是做这类研究并不容易；探究婴儿大脑里在想些什么，其实是一件非常困难的事。在我的儿子们还是小婴儿的时候，我常常会盯着他们出神，不知道这些回眼瞪我的究竟是什么家伙。他们就像我的宠物狗一样，只不过更好看些罢了。（当然，现在他们都已经成长为优秀的青少年了，但是我对他们的研究兴趣可比以前少了许多。因为我自己也曾有过青春时代，我知道青少年会想些什么。）发展心理学家约翰·弗拉维尔（John Flavell）曾说，他愿意放弃自己获得的全部学位和荣誉，只为了能在一个两岁小孩的大脑里待上 5 分钟。至于我嘛，我愿意用 1 个月的生命来换那 5 分钟；如果能直接变成一个婴儿待 5 分钟的话，我情愿少活 6 个月。

在研究婴儿时，我们面临的一大障碍就是，我们不记得自己的婴儿时代。喜剧演员路易斯（Louis C. K.）曾把婴儿的大脑比作儿童玩具“神奇画板”（Etch A Sketch）[①]——每天摇一摇，上面的图案就会清除掉。婴儿的记忆不会持久保留；就算是年龄很小的幼童，也不记得自己的婴儿时代。心理学家查尔斯·费尼霍夫（Charles Fernyhough）曾经问他三岁的小女儿：“当婴儿是什么感觉？”小姑娘很想帮忙，说：“你知道吗？……当我还是个小婴儿的时候，阳光很明媚。”

研究婴儿甚至比研究老鼠或鸽子还要困难，老鼠至少还会走迷宫，鸽子至少还会啄杠杆。我的同事及合作者卡伦·温曾经就如何针对婴儿被试进行实验研究的问题，发表过一次公开演讲。她在幻灯片上放了一张鼻涕虫的照片，也许那才堪和婴儿作比。

① “神奇画板”是法国电子技师和发明家卡萨涅（Andre Cassagnes）在 20 世纪 50 年代发明的一款儿童益智玩具。经典版本拥有浅灰色屏幕、红色外框和两个白色旋钮。儿童可通过两个旋钮控制屏幕下方的铝粉移动，“画”出各种各样的图案，只需摇一摇就能变回空白。——译者注

你可能会想当然以为，心理学家只要扫描婴儿的大脑就行了。事实上，部分研究者也确实由此开启了一系列精彩研究。但是大脑扫描图像这种研究方法是专门为成年人设计的，一般来说并不适用于婴儿，因为这类方法对婴儿来说实在太危险了，而且还要求被试必须长时间保持清醒，同时还得一动不动。但也确实有一些特殊的研究技术是专门为婴儿设计的，比如近红外光谱技术（near-infrared spectroscopy）。也许这些方法能在未来帮助科学家作出重大发现。但就目前而言，这些研究方法为我们提供的数据极其有限，我们只知道大脑某些部位的血氧含量发生了变化，但很难从中了解精神生活的种种细节。如果你想知道某些认知活动发生于婴儿大脑中的什么位置，那么这些研究方法的确能大显身手。但是它们通常无法回答更精细的问题，比如婴儿究竟如何思考，以及他们都知道些什么。

值得庆幸的是，我们已经掌握了更好的研究方法。从 20 世纪 80 年代开始，心理学家们就通过婴儿的眼球运动来探索婴儿的思想——这是婴儿能够自主控制的极少数行为活动之一。眼睛真的是观察婴儿心灵的窗户。婴儿的“注视时间”，也就是他们盯着某物或某人看的时间长短，可以向我们传达很多关于他们所思所想的信息。

其中一种关于“注视时间”的研究方法，就是“习惯化”（habituation）。婴儿和成年人一样，如果重复看到相同的事物，他们就会因无聊而不再看它。“厌倦”或者“习惯化”是我们对重复出现的事物产生的自然反应。所以“习惯化”研究方法可以告诉我们，婴儿熟悉什么，不熟悉什么。比方说，如果你想知道婴儿是不是能分辨猫和狗，你可以向他们重复展示猫的照片，直到他们对猫表现出厌倦。然后你再向他们展示一张狗的图片。如果他们情绪一振，注视时间变长，就表示他们能分辨出二者的不同；反之，如果他们仍然表现出厌倦，那就表示他们无法区分二者。

我们可以通过“注视时间”法来了解什么东西对人来说新奇有趣，或者出乎意料，而且实验对象不仅限于婴儿。但是这类研究方法对婴儿尤其有效。心理学家艾莉森·高普尼克（Alison Gopnik）[①] 指出，虽然外界突发事件会吸引成年人的注意（比方说，如果有人叫出我们的名字，我们就会本能地转过头去），但是我们往往能控制自己的注意力。我们可以凭借单纯的意志力把自己的注意力集中于左脚，或者在大脑中回想自己早餐吃了什么。但是婴儿却很容易受到环境的影响，因为负责抑制和控制认知活动的大脑前额皮质是最后才发育的大脑结构之一。

高普尼克把婴儿的大脑认知活动比作一个成年人突然被扔在某外国城市的市中心，全然不知身在何地，又该何去何从；他晕头转向，眼前所见的一切，都是平生从未见过的新奇事物；他试图弄明白这一切究竟是怎么回事。事实上，婴儿面对的情况还要更加糟糕。因为成年人就算精神再紧张，也能想些别的东西来转移注意力：我们可以想象自己最终找到回旅店的路；我们可以想象自己以后将如何向朋友们描述这次意外之旅；我们还可以萌生出美好的幻想，做白日梦，甚至还可以祈祷神灵帮助。但是婴儿什么都做不了，他们只能被困在当时当地。难怪婴儿总是哭闹不安！但这对研究者们来说可是个好消息：婴儿大脑中缺乏内在控制机制，这就意味着他们很容易受我们的研究方法的摆布。

但是基于“注视时间”的实验很难设计。部分原因在于，我们必须谨慎确保婴儿确实是对我们指定的变量作出反应。例如，有不少研究发现，婴儿能区分两个物体和三个物体。如果你给婴儿反复展示一组呈现出两

① 她在《宝宝也是哲学家》一书中，还介绍了许多她自己及其他学者对婴儿的研究，该书简体中文版由湛庐文化策划、浙江人民出版社出版。——编者注

个物体的图片，例如两只狗、两把椅子和两只鞋，直到他们表露出厌倦；然后你再给他们看一张包含三个物体的图片。这时，他们注视图片的时间就会变长，也就是说，他们可以区分两个物体和三个物体。但是批评者可能会指出，两个物体所占的空间要小于三个物体，所以婴儿可能是对物体所占的空间大小作出反应，而不是对物体的数量。

当然，研究者还可以再做另一个实验来进行修正，比如，找出两个大物体和三个小物体，让它们所占的空间一样大。但是批评者又会怀疑，婴儿可能仍然不是对物体的数量作出反应，而是对物体的大小。所以要想设计出能排除掉全部干扰、只保留单一变量的实验，可谓异常复杂——但也绝非完全不可能。

在“注视时间”研究法诞生之后，我们对婴儿思考方式的看法发生了天翻地覆的变化。最初那些采用“注视时间”法进行的研究，大抵着眼于婴儿对物体的早期认知——也就是婴儿的“朴素物理学”（naive physics）[①]。研究者会在婴儿面前变魔术，故意制造出一些似乎有悖于普遍物理规律的现象：比如撤去某方块底下的支撑物，让它在没有任何支撑的情况下“漂浮”在空中；又比如让物体从某处消失，又在另一个地方出现；或者把一个箱子放在屏风之后，然后把屏风向后推到，却发现那里什么东西也没有。如果婴儿期望世上一切都遵循物理规则，那么他们就会对这些现象大感惊奇。而他们的“注视时间”也确实证明，他们真的是这样想的：婴儿盯着这类场景看的时间要长于他们注视那些“正常”场景的时间——后者除了不违反物理规则之外，其他一切设置都与

① “朴素物理学”和后文的“朴素心理学”，都属于幼儿朴素理论，指儿童可以自动构建自己的理论，来解释周围的事物。其中朴素物理学的内容包括力和运动、物质和物体、天文现象、天气现象等。朴素心理学的内容包括愿望、信念、意图、行为之间的关系，还有对感知、思维、想象等心理现象的认识等。——译者注

前者完全相同。

现在已经有大量研究证明，婴儿对于事物的看法其实基本上和成年人没什么两样（这与过去数十年间心理学本科生们学到的东西截然相反）：婴儿也会把物体视为一团连在一起、有重量、以整体形式移动的东西；它们呈现出固体状态，会因重力下落，也会在空间和时间中以连续轨迹移动。

GOOD AND EVIL 实验室

在一项经典实验中，卡伦·温发现，婴儿也能借助物品做初级数学计算。这项实验的设置非常简单。研究者在婴儿面前摆上一个空无一物的“舞台”，在舞台中央位置支起一道屏风。他们把一只米老鼠玩偶放到屏风背后，然后又把另一只米老鼠放到屏风后。接着，研究者把屏风拿掉。成年人会觉得自己应该看到两只米老鼠，5 个月大的婴儿也同样如此；如果婴儿在屏风撤掉之后发现那里有一只或者三只米老鼠，他们的注视时间就会比看到两只玩偶时更长。

研究者还使用同样的方法来探究婴儿对他人的期望，也就是和“朴素物理学”相对应的“朴素心理学”（naive psychology）。我们很久以前就已经知道，婴儿会通过某些特殊的方式对他人的存在作出反应：他们会受到他人吸引；他们也喜欢人类的声音，特别是那些他们熟悉的人的声音；他们还喜欢看人类脸上的表情；如果他们发现人际互动没有如自己期望的那样进行，他们就会感到焦躁不安。所以你可以通过下面这种方式来让婴儿抓狂：与婴儿面对面坐在一块儿玩游戏。然后你突然“定格”，保持姿势一动也不动。如果你定格的时间超过几秒钟，保持自己跟尸体一样僵硬，那么婴儿马上就会心烦意乱。

GOOD AND EVIL 实验室

在一项研究中，心理学家让两个月大的婴儿坐在电视机荧幕跟前，像开电视会议一样通过荧幕跟自己的母亲进行实时互动。婴儿们很喜欢这项活动。但是如果电视图像出现了几秒钟的延迟，那么婴儿就会变得焦躁不安。

心理学家阿曼达·伍德沃德（Amanda Woodward）设计了另一项基于“注视时间”的实验，证明婴儿也知道他人的期望。首先，研究者在婴儿面前放上两个物体，把一只手伸向其中一个物体。然后研究者把这两个物体调换位置。在那只手又一次出现时，婴儿觉得它应该伸向同一个物体，而不是同一个位置。但是婴儿对“他人目标”的认知仅限于人手；如果他们看到的是一个金属爪，那么实验结果就会有所不同。

心理学家克里斯廷·奥妮茜(Kristine Onishi)和勒妮·白拉尔戈昂（Renee Baillargeon）通过另一组实验证明，15 个月大的婴儿可以根据他人的错误信念（false belief）[①] 来预测他人的行为。在实验中，婴儿看到一个成年人正盯着某个放在盒子里的物体瞧，并看到研究人员趁成年人蒙着眼睛时，把这个物体移到了另一个盒子里。婴儿会期望成年人把手伸向原来的盒子，而不是物体现在真正所在的盒子。这是一个非常复杂的心理推理过程，需要对他人的心理活动有相当丰富的了解。大多数心理学家曾经认为，只有四五岁以上的孩子才能作此推理。

① “错误信念”是心智理论的一个基本概念。在心智理论中，心智发展的一个里程碑就是了解别人的错误信念，知道别人的信念与自己不同。——译者注

但是我们从小就是社会性动物。我们在很小的时候就对他人的心理活动有了最基本的了解。

走进耶鲁大学婴幼儿认知中心

我最开始研究婴儿的道德生活时，采用的研究方法并不是为道德问题设计的。它原本的目的是探究婴儿的社会理解能力到底有多复杂。我和同事们都很想知道，婴儿是否能准确预测他人对善人和恶人的反应。我们尤其想搞清楚的是，婴儿是否有能力理解个体倾向于接近那些曾经帮助过他们的人，回避那些曾经伤害过他们的人。

我想借此机会特别指出，我参与的所有婴儿研究都是在耶鲁大学婴幼儿认知中心进行的。该中心的负责人是我的同事（和妻子）卡伦·温。而这些实验也都是我和卡伦，以及她的本科生、研究生和博士后研究员合作进行的。

在我开始阐述我们的发现之前，我想先让读者你对我们实验室的研究工作有一个全面的了解。一般来说，每项实验的持续时间大约为 15 分钟，从父亲（或母亲）带婴儿走进我们的小测试间开始计算。在大多数时间里，父亲（或母亲）都会坐在椅子上，让婴儿坐在自己腿上；有时候婴儿也会被安置在一张高凳上，而父亲（或母亲）则站在他身后。到这一步时，有些婴儿要么是睡着了，要么就哭闹不安，总之实验无法继续进行下去。平均来说，我们这类实验最后通常会有大约 1/4 的参与者无法走到最后。正如批评家指出大多数心理实验的参与者都是想要挣两瓶啤酒钱的美国大学本科生那样，从某种程度上说，大多数发展心理学实验研究的对象是对实验有兴趣，而且能保持清醒的婴儿。

GOOD AND EVIL 实验室

我们第一项实验的领导人是瓦莱丽·库尔迈耶（Valerie Kuhlmeier），她当时是一名博士后研究员。我们需要在实验中向婴儿展示善意和恶意的人际互动，而最明确的恶意人际互动无疑就是动手打人了。但是我们担心家长，可能还有耶鲁大学人类被试委员会（Yale Human Subjects Committee），不会同意我们让婴儿目击暴力冲突的请求。

我们决定借鉴心理学家戴维·普瑞马克（David Premack）和安·普瑞马克（Ann Premack）的研究工作。他们让婴儿观看动画片，动画片中的主角要么帮助另一个角色挤过狭缝，要么阻止另一个角色通过狭缝。他们通过实验发现，婴儿认为帮助行为是正确的做法，阻碍行为是错误的做法。

我们在他们的研究基础上又制作了几部新动画。动画片中的角色都是些几何体。它们要么为其他角色提供帮助，要么造成阻碍。比如有个红色圆球试图滚上某座小山，我们会向婴儿演示两个场景：在一个场景中，我们会让一个黄色方块跟在红圆球身后，把它缓缓推上山顶（帮助）；在另一个场景中，我们会把一个绿色三角放在红圆球前面，把它推下山去（阻碍）。在下一部动画中，婴儿将会看到三个角色同时在场，红圆球要么接近黄方块，要么接近绿三角。我们想要借此了解，婴儿认为红圆球应该如何对待其他角色。

我们发现，9 个月和 12 个月大的婴儿在看到红圆球接近帮助它的角色时，注视时间会更长。如果动画角色长了眼睛、更接近于人类的相貌，实验结果会尤其显著。这项研究告诉我们，婴儿确实拥有真正的社会判断能力。（但如果动画角色没有长眼睛，那么 12 个月大的婴儿对二者的注视时间就没有规律可循，而 9 个月大的婴儿的注视时间将不会发生变化。）

后续研究指出，婴儿对于帮助和阻碍行为的理解似乎产生于 6～9 个月之间。该研究使用了画有人类表情的三维立体动画，在 10 个月大的婴儿身上再次发现了同样的规律，但是这一规律并没有出现在 6 个月大的婴儿身上。

这些研究可以帮助我们探索婴儿对他人行为的预期——婴儿认为他人应该选择接近帮助者，而非阻碍者。但是单凭这些实验，我们还无法了解婴儿自己对帮助者和阻碍者的看法。他们本人更喜欢哪一个呢？从成人的角度来看，我们当然觉得帮助者是个正派人，阻碍者是混蛋。但是婴儿的看法是否和我们一样？在当时还在攻读研究生的基莉·哈姆林（Kiley Hamlin）领导下，我们准备通过另一系列实验来一探究竟。

我们在第一组实验中启用了三维几何体。我们不再给婴儿播放动画片，决定改演玩偶戏。（你可能想问，我们为何要用三维几何体，而不是真人角色？这是因为婴幼儿通常都不愿意靠近陌生的成年人。）虽然“注视时间”法是探究婴儿期望的绝佳方法，但是我们这次打算采用另一种研究方法——“伸手够物”。“伸手够物”法可以帮助我们更好地确定婴儿自己的喜好。实验的场景设置和之前一样：圆球试图爬上山顶；它有时得到帮助爬上山去，有时受到阻碍滚下山来。然后，研究人员将帮助者和阻碍者放到婴儿面前的托盘里，看看婴儿会伸手去够哪一个。

在此说明一下关于本实验的一些细节问题。为了确保婴儿确实是对我们想要检验的变量作出反应，而不是根据物体的形状或颜色作出选择，我们采用了系统方法来控制变量，随机安排帮助者和阻碍者，比如说，红方块在一半婴儿面前是帮助者，在另一半婴儿面前就变成了阻碍者。我们要考虑的另一个问题是“无意识的暗示”（unconscious cueing）：如果陪伴婴儿的成年人知道哪个是“好人”，哪个是“坏人”，他们可能会在不经意间流露出自己的想法。为了解决这一问题，负责在幕后操纵玩偶的实验人员自己看不到这场戏，所以也无从了解“正确”答案是什么；至于陪伴婴儿的母亲，则需要在关键时刻闭上眼睛。

正如我们预期的一样，绝大多数 6 个月和 10 个月的婴儿都更喜欢帮助者，而不是阻碍者。而且从统计数据来看，实验结果异常显著：几乎所有婴儿都伸手去够帮助者。

对于这个结果，我们可以有三种解释：婴儿可能喜欢帮助者，也可能排斥阻碍者，还有可能两点兼备。为了进一步探究到底哪种解释站得住脚，我们又给玩偶戏增添了一个新角色，它既不为主角提供帮助，也不去制造阻碍，它是个中立者。我们发现，若让婴儿在帮助者和中立者之间作出选择，他们更愿意选择帮助者；若让他们在中立者和阻碍者之间选择，他们更愿意选择中立者。也就是说，婴儿不但更喜欢“好心人”，而且还排斥“卑劣者”。这次实验的统计结果依然十分显著，绝大多数婴儿都作出了同样的选择。

GOOD AND EVIL 实验室

我们接着又做了另一组实验。这次我们把研究对象换成了 3 个月大的婴儿。要知道，处于这个年龄段的婴儿真的就像鼻涕虫一样。他们无法很好地控制身体作出伸手够物之类的行为，所以我们不能用一般方法来探究他们的喜好。但我们在跟年龄大一点的婴儿做实验时注意到的一个小细节，也许能帮助我们和更年幼的婴儿进行交流。

我们在分析实验录像时发现，婴儿不仅会伸手去够帮助者，他们还会直直地望着它。也就是说，我们在对更年幼的婴儿做实验时，可以把“注视方向”当作判断他们个人喜好的依据。在我们把“好人”和“坏人”介绍给 3 个月大的婴儿之后，我们得到实验结果也非常显著：3 个月大的婴儿明显更喜欢望向“好人”。

于是我们又加入了中立角色，这次的实验结果就非常有趣了。这些 3 个月大的婴儿和 6 个月以及 10 个月的婴儿一样，注视中立者的时间要长于阻碍者。但是他们对帮助者和中立者的态度并未出现明显差异。这和我们常在成年人及儿童身上发现的“负面偏好”（negativity bias）现象非常相似。也就是说，我们对坏事或坏人（也就是实验里的“阻碍者”）的感知能力要比我们对好事或好人（也就是“帮助者”）的感知能力更为敏锐，而且在婴儿的心理发展过程中，前者出现的时间要早于后者。

这就是我们最早进行的一系列“帮助者 / 阻碍者”研究。在我们撰文发表于《自然》杂志之后，这些研究很快引起广泛热议，既有人表示支持，也有人提出批评。一些富有批判精神的同仁怀疑，婴儿可能并非真的是对“善意 / 恶意”的社会性互动作出反应，他们的关注点有可能是实验场景中的某些非社会性因素。我们自己其实也有同样的疑虑。我们在设计实验时，特意做了某些特别设计，希望能排除种种可能的干扰。我们设置了其他许多不同场景。比如把主角换成一个不会动的方块，它自己不能移动。“帮助者”和“阻碍者”的动作则和之前的实验一样；只不过现在主角自己并不想上山或下山，所以“帮助者”和“阻碍者”实际上并没有起到帮助或阻碍的作用。在这个实验场景中，婴儿的偏好消失了。也就是说，婴儿确实是对社会性互动作出反应，而不是对物体的移动。

在瓦莱丽·库尔迈耶的实验过去数年之后，卡伦实验室的本科生山口真理子（Mariko Yamaguchi）领导了另一项研究，她的团队再次把当年参与瓦莱丽实验的孩子们召集起来。在瓦莱丽最初进行的实验中，孩子们需要预测圆球对帮助者和阻碍者的反应。在时隔数年之后，山口发现，这群孩子最初在“帮助者/阻碍者”实验中的表现，与他们4岁时的社会推理能力有关（他们在其他实验中的表现则未呈现出这种关联性）。这也就意味着，我们确实可以通过“帮助者/阻碍者”实验来探索婴儿的社会理解能力。

但我们还想知道，如果我们不使用最初的那个“帮助者/阻碍者”场景，结果是否仍会保持一致呢？所以基莉和卡伦又为婴儿设计了另外一些实验场景。比如让主角努力开盒盖，一个玩偶过来掀开盒盖，另一个跳到盒盖上把盒子死死关住。又比如让主角玩皮球，然后皮球滚跑了。这时，一个玩偶会把球踢回来，另一个则会抱起球跑走。在这两个场景中，5个月大的婴儿都更喜欢“好人”——也就是那个帮助打开盒盖或者把球踢回来的家伙，而不是“坏人”。

我们天生就有道德感

这些实验证明，婴儿对善意行为和恶意行为拥有普遍性的理解和偏好。他们能够理解多种社会性互动的好坏。其中有些情景，大多数婴儿很可能从未见过，但是婴儿会根据自己对人类行为的理解作出选择。然而到目前为止，我们还未能证明婴儿对社会行为的理解能力可以算作道德。但是婴儿的反应确实带有某些道德判断的关键要素：婴儿的判断与他们自身无涉，他们会对与自己完全无关的行为作出评判，而他们评判的对象正是我们成年人所谓的“善意行为”或“恶意行为”。我们也对年龄稍长的幼童做过同样的实验。我们向他们演示了同样的情景，然后问他们：“谁友善？谁是好人？”“谁卑鄙？谁是坏人？”他们的回答和成年人完全一样：帮助者是友善的好人，阻碍者是卑鄙的坏人。

我因此认为，我们在婴儿身上发现的东西，正是苏格兰启蒙运动哲学家们[①]口中的“道德感”。所谓道德感，并不是做好事或坏事的冲动，而是作出某种判断的能力——也就是区分好与坏、区分善良和残忍的能力。虽然亚当·斯密本人对道德感究竟是否存在仍持怀疑态度，但是他在书中写道，道德感“与外部感官有几分相似。正如我们周围的物体以一定方式刺激我们的外部感官，让我们了解不同的声音、味道、气味和颜色；人类心灵的各种情感也以一定方式触动我们这个特殊官能，让我们了解亲切或可憎、美德或丑恶、正确或错误”。

我认为人类天生就拥有道德感，我将会在本书接下来的部分里再次提到这一点。但是“道德”并不仅限于作出某种特定区分的能力，它还包括某些特定的感受和冲动，比如为有需要之人提供帮助的冲动、对承受痛苦之人的同情和伸出援手的热望、对残忍之徒的愤怒、对自己可耻行径的愧疚，还有对自身善举的自豪。我们此前讨论的都是逻辑问题，我们的内心感受又在道德中扮演了何种角色呢？

① 苏格兰启蒙运动发生于1740—1800年间，最主要的思想家有弗兰西斯·哈奇森（Francis Hutcheson）、大卫·休谟（David Hume）和亚当·斯密。——译者注

JUST BABIES

第2章

高尚的本能能否打败自私的基因

|共情和同情|

THE ORIGINS OF GOOD AND EVIL

如果一个人不能区分正确和错误，我们就不能说他拥有道德。但如果我们想搞清楚道德行为的由来（为什么我们有时待人善良无私，有时对人残忍自利），我们就不能只看“区分对错”这一种道德感。

心理变态者的人格特质

这是为什么呢？我们不妨假想一个完美的心理变态者——也就是说他坏到了极致。他生而拥有极高的智商、良好的社交能力，还有许多如常人一样的行为动机——比如饥饿感、欲望和好奇心。但是他无法对他人的苦难作出正常反应，也缺乏感激和羞耻之心。总之，基因、成长环境和特殊的个人经历以某种不愉快的形式结合在一起，造就了这么一个没有道德情感（moral sentiment）的心理变态者。

但是，这位心理变态者不一定是个道德低能儿。他可能拥有我们在上一章中提到的那些简单基本的道德判断能力。就算他天生心理变态，他在婴儿时代可能也更喜欢那个帮助他人爬上山坡的角色，而不喜欢那个把人推下山坡的家伙。在成长过程中，他也逐渐习得了自己所在社会的种种行为规范和传统习俗。这位心理变态者知道，拯救失踪儿童是“正确”的行为，而趁某位女性人事不省的时候对她进行性侵犯则是“错误”的。但他不会产生任何与道德行为有关的情感。就好像天生双目失明的人也知道草是“绿色”的、天是“蓝色”的一样，他可能拥有正确的道德判断能力，但是他没有通常会伴随道德判断出现的情感。

现在想象一下，你需要说服这位心理变态者友善对待他人。你可能会劝他说，他应该为他人着想，抑制自己自私自利的冲动。你可能还会给他灌输一些哲学理论，比如功利主义哲学家的观点——我们应该做那些能提升全人类快乐总和的事；或者伊曼努尔·康德的“定言令式”（categorical imperative）[①]；或者约翰·罗尔斯（John Rawls）的“无知之幕”（veil of ignorance）[②]；或者亚当·斯密的“公正的旁观者”（impartial spectator）[③]。你甚至还可能会用到父母在教育小孩时常用的策略，问他：“如果别人也这样对待你，你会有什么感觉？”

无论你费多少口舌，他的回答可能都是简单的一句：我不在乎——我不在乎怎么做才能提升人类的快乐总和，我对“定言令式”和其他一切道德理论也都不感兴趣。不过他确实能接受逻辑对等的观念：如果他伤害了别人，别人也会伤害他——毕竟他可不是傻瓜！尽管如此，上文提到的任何理由都无法激励他去友善对待他人。

① 伊曼努尔·康德，18 世纪的德国著名哲学家。定言令式，指我们应该做合乎普遍准则的事。——译者注

② 约翰·罗尔斯，美国当代著名道德和政治哲学家。无知之幕，指人应假想自己对于社会环境、地位等因素一无所知，并在此情况下作出道德判断。——译者注

③ 公正的旁观者，指我们应该像一个公正而无偏见的旁观者一样来衡量自己的道德行为。——译者注

真正的心理变态者给出的回答也差不多。心理学家威廉·戴蒙（William Damon）曾经举过这么一个例子：《纽约时报》记者采访了一个恶意攻击老年人的年轻抢劫犯，他的受害者中甚至还包括一位双目失明的女士，而这个年轻的抢劫犯当时只有13岁。他对自己的行为完全没有任何悔过之意，反而认为攻击盲人是个不错的选择，因为他们事后也无法指证他。当采访者问及他给那位失明女士造成的痛苦时，那个男孩对这个问题大为惊讶，他反问道："我为什么要在乎呢？我又不是她。"泰德·邦迪（Ted Bundy）[①]也一直想不明白，为什么人们总想搞清楚他都杀了谁："我的意思是，我杀的人多了去了啊。"而连环杀手加里·吉尔摩（Gary Gilmore）[②]的话，可以说是对缺乏道德感觉之人的最好总结："我总能杀得了人……我可以毫不在意他们的感受，完全无动于衷。我知道我干的事情大错特错，但是我仍然会毫不犹豫放手去做。"

或者我们还可以看看记者对连环杀手彼得·伍德科克（Peter Woodcock）[③]的采访，他在青少年时代就强奸并杀害了三名儿童。后来他在一间精神病院里关了几十年，终于得到一次三小时的放风机会，可以在无人监视的情况下在指定区域自由活动。在此期间，他邀请了另一名病人（同时也是他的密友）与他一起去树林散步。在那片林子里，伍德科克用斧头将他的密友杀害。

记者：你当时在想什么，那个人可是你爱的人啊？

伍德科克：说实话，是好奇，还有愤怒。因为他否定了我的所有进步。

---

① 泰德·邦迪，活跃于1973—1978年间的一个美国连环杀手。——译者注

② 加里·吉尔摩，因两起一级谋杀罪于1976年被判处死刑。——译者注

③ 彼得·伍德科克，加拿大连环杀手和儿童强奸犯，被加拿大媒体称为"治疗不了的连环杀手"。——译者注

记者：你为什么会觉得其他人为了满足你的好奇就必须死？

伍德科克：我只想知道我在杀人之后会有什么感觉。

记者：可是你已经杀了三个人啊！

伍德科克：是的，但那已经是很多很多很多很多年以前的事了。

达尔文之子的思想斗争

心理变态者的人格特质令人十分不安；与心理变态者不同，正常人一般在童年时代就会产生道德情感。达尔文在《一个婴孩的生活简史》（*A Biographical Sketch of an Infant*）[①]中为我们提供了许多生动的例子。这份记录在 1877 年发表于著名哲学期刊《思想》（*Mind*）上。也同样是在《思想》上，达尔文读到了一篇阐述儿童心理发展的文章。他在那篇文章的提醒之下，重新查阅了自己 37 年前观察儿子威廉成长时写下的日记。他对小威廉颇为自豪，称之为“集美丽和智慧于一身的小天才”。

达尔文首先在日记中记录了婴儿威廉的生理活动（“打喷嚏、打嗝、打呵欠、伸懒腰，当然还有吮吸和哭喊，这些生理活动都在我的婴儿身上完美表现出来”）。但在不久之后，他就开始记录另一组不同的行为模式，他称之为“道德情绪”（moral emotion）。

在威廉 6 个月大的时候，他已经能感受到他人的痛苦并作出反应。“他在 6 个月又 11 天的时候，因为看到保姆假装哭泣，他的嘴角夸张地向下垂，脸上流露出明显的忧伤；他对他人苦痛的同情一览无遗。”又过了相当长一段时间，达尔文注意到威廉会因为自己的善行而沾沾自喜。

① 达尔文从自己的长子威廉（在文中称为“多迪”）出生起就开始对他进行观察并做记录。他是最早详细记录婴幼儿心理发展的学者之一。——译者注

“在他两岁零三个月大的时候，他把自己最后一点姜饼送给了他的小妹妹。然后他相当自豪地喊叫起来：‘啊，善良的多迪，善良的多迪。’”又过了4个月，他第一次表现出内疚和羞愧：“我有一次撞见他从餐厅出来。我注意到他眼里闪过不同寻常的神色，而且他的行为举止非常怪异不自然，甚至可以说一举一动都是假装出来的。所以我走进餐厅，想看看究竟有什么在那里。然后我发现是他偷吃了捣碎的砂糖，而这是我们禁止他做的。我们从来没有以任何形式惩罚过他，所以他这般怪异的表情举止，一定不是出于害怕；我猜那就是愉悦兴奋与羞愧内疚的冲突挣扎。”

两个星期后，达尔文写道：“我又撞见他从同一个房间出来。他的眼睛不住瞄向自己仔细卷好的围涎布。这一次他的举动也很奇怪，所以我决定看看他的围涎布里藏了什么。但是他坚持说什么也没有，还不停命令我‘快走开’。但是我发现在他的围涎布上沾了星星点点的酸黄瓜汁液。我知道，这是一个经过仔细谋划的障眼法。”

我们在小威廉身上看到了善与恶的斗争，这斗争其实也常常发生在我们的日常生活之中。对于一般人来说，如果他们认为自己无须对个人行为负责，那么他们的表现通常就会很糟糕。我们在面对美味的碎砂糖、酸黄瓜或者其他诱惑的时候，确实需要一点额外制约。但是我们也已经知道，我们在很小的时候就能产生愧疚之情，以帮助我们抵抗诱惑。事实上，很多时候我们甚至都不需要依靠威胁和惩罚就能表现良好，因为我们先天就不喜欢自私自利和残忍行径。20世纪30年代的一项研究为我们提供了经典例证。

研究者会询问被试：“你需要多少报酬才愿意亲手勒死一只猫？”被试的平均报价是10 000美元——大约相当于现在的155 000美元。相比而言，同一组被试只需要一半的钱就同意把自己的一颗门牙拔掉。

但是心理变态者只需要很少一点钱就愿意勒死一只猫。事实上，如果他喜欢勒死猫的感觉，他甚至愿意免费去做，只要当时没人看到——因为他很可能足够聪明，知道自己的行为有可能会激起众怒，招致社会排斥和惩罚，阻碍自己达到其他想要追寻的目标。但是他不会像正常人一样，因为自己必须亲手勒死猫而产生强烈的反感。

在许多小说、电影和电视剧里，心理变态者在很多方面都比我们这些正常人要强得多——他们更令人望而生畏、更有魅力，各方面也更加成功，比如食人魔兼心理治疗师汉尼拔·莱克特[①]，还有可爱有趣的连环杀手德克斯特·摩根[②]。部分心理学家和社会学家相信，心理变态者很可能会在商业及政治领域取得出色成就，所以我们常能在成功人士身上发现心理变态者的人格特质。

如果真是这样的话，人们又多了一个难解之谜。如果我们的道德感觉是通过自然选择进化而来的，那么道德感觉缺失的人就不应该取得社会成功。事实上，取得社会成功的心理变态者很可能正是这样一个例外。心理变态者都有某些心理缺陷，其中有些缺陷较不引人注意。心理学家阿比盖尔·马什（Abigail Marsh）和她的同事发现，心理变态者对恐惧的表情特别不敏感。正常人都能看出他人脸上的恐惧，知道他们可能遭遇危难。但是心理变态者很难看出恐惧，更别说作出适当的反应了。马什记录了一则奇闻：有人拿一组照片给一个心理变态者做测试，她一次也没认出人们脸上的恐惧表情。直到最后她终于搞明白了："我知道这是

① 汉尼拔·莱克特是电影《沉默的羔羊》中的主角。他是由美国犯罪小说家托马斯·哈里斯（Thomas Harris）创造的著名连环杀手，会在杀人后吃掉人身上的一部分器官。——译者注

② 德克斯特·摩根是美剧《嗜血法医》中的主角。他在白天是法医鉴证官，晚上则化身为惩奸除恶的连环杀手。该剧改编自美国小说家杰夫·林赛（Jeff Lindsay）的《德克斯特》系列。——译者注

什么表情了——在我拿刀捅他们之前，他们就是这样一副表情啊。”

还有一些心理缺陷更为严重，比如道德情感完全缺失。没有道德情感，特别是对他人缺乏尊重，很可能会导致心理变态者走向毁灭。我们这些非心理变态者会不断观察他人，看他人是否表现出友善、羞愧等情感，以此来决定自己应该信任谁、亲近谁。心理变态者需要将自己伪装成我们中的一员，但是这相当困难，因为一个人很难只依靠理性来强迫自己遵守道德规范。虽然能通过理性思考知道自己应该做什么，但是如果一个人想勒死一只猫，就算明知道这样做不对，也很难阻止自己这么做。心理变态者缺乏正常的羞愧和内疚之情，他们会屈服于自己的罪恶冲动，犯下许多可怕的罪行；他们可能出于恶意和贪婪，或者仅仅是因为无聊。不过，他们迟早会陷入法网；虽然心理变态者可能在短期内取得成功，但是从长期来看，他们往往都会失败，最后身陷囹圄，甚至走向更糟糕的结局。

心理变态者和正常人到底有什么不同

现在让我们仔细了解一下心理变态者和正常人之间的区别吧。心理变态的症状有很多，比如“病理性说谎”，还有缺乏悔过和内疚之情。不过他们最核心的心理障碍还是对他人的痛苦漠不关心。也就是说，心理变态者缺乏同情心。

要了解“同情”（compassion）对于我们这些非心理变态者的意义，我们首先需要把它和“共情”（empathy）区分开来。虽然有不少研究者在用这两个词时说的其实是同一个东西，但是它们的真实含义其实存在很大差别：一个是“关心某人”（同情），另一个是“站在某人的立场思考”（共情）。

“共情”一词在1909年才首次出现，源自德语的“Einfühlung”，意思是“感觉像进入某人内心世界”。亚当·斯密虽未曾提及“共情”，但是却很好地阐释了“共情”的含义：“我们就像是进入了另一个人的身体，在某种程度上成为了和他一样的人。”共情是一种十分强烈，而且通常来说无法抗拒的冲动。如果我们看到喜剧演员在舞台上作出令自己难堪的滑稽表演，我们也会感到难为情；如果我们坐在一个紧张不安的家伙旁边，我们也很难保持镇定；大笑是可以传染的，哭泣也一样；影迷在电影《皇家赌场》（*Casino Royale*）里看到詹姆斯·邦德被敌人痛击睾丸，马上就会产生镜像反应，仿佛自己也感受到切肤之痛。（我敢打赌，对此场景感觉尤其不适的，一定是那些有睾丸的男性观众。）约翰·厄普代克（John Updike）[①]记录了一件发生在他童年时代的往事：“我的祖母在厨房桌子边突然癫痫发作喘不过气，我也和她一样感到自己喉咙紧锁。”

共情会让我们因他人的快乐而感到快乐。我们对他人快乐的反应非常复杂，很容易就笼罩上嫉妒的色彩——为什么他能享受到这么多乐趣，而我却不能？尽管如此，纯粹的快感确实可以在人与人之间传播。你可以在视频网站YouTube上搜索一段叫做《哈哈哈》（*Hahaha*）的视频，里面有个男人躲在摄影机后面，发出奇怪的声音；镜头前是一个坐在高凳上的婴儿，被怪叫声逗得前仰后合、大笑不止。你还可以找到一段名为《婴儿边撕纸边歇斯底里大笑》（*Baby Laughing Hysterically at Ripping Paper*）的视频。截止到我写作本书为止，已经有5 800万人在线观看，比“大熊猫打喷嚏”和“猫咪放屁”的视频还要受欢迎。这些视频之所以特别吸引人，全在于婴儿表露无遗的快感。这快感如同被施了魔法，奇迹般地把笑容从婴儿脸上带到我们自己脸上。

① 约翰·厄普代克，美国当代小说家、诗人、艺术和文学评论家。——译者注

亚当·斯密还举了另外一个例子："如果我们多次重复阅读同一本书或者同一首诗歌，我们最后将不能再从独自阅读中感受到乐趣。但是如果我们为同伴朗诵，我们仍然能体会到快感。因为对于同伴来说，它散发着新奇的魅力，将激起他们的由衷惊叹与欣赏，而我们也将再次体会到同样的感情……我们将再次品味文中的思想，更确切地说，我们是从同伴的角度来品味……我们会和同伴产生共感，会因为他的愉悦而感到愉悦。"亚当·斯密的话正好可以用来解释互联网给人带来的最大乐趣之一：转发笑话、可爱动物的图片、博客文章和视频等。他同时也敏锐地捕捉到了为人父母给人带来的快乐：我们可以重温自己童年时代"第一次"的愉快经历：第一次去动物园、第一次吃冰激凌……

有一条著名的神经科学理论可以解释"共情"的工作原理，那就是"镜像神经元理论"。镜像神经元最早发现于恒河猴的大脑之中。无论恒河猴是看到另一个体作出某个动作，还是自己亲自作出这个动作，它大脑中的镜像神经元都会活跃起来。镜像神经元不知道"自我"与"他人"之间有何差异。科学家也在其他灵长类动物身上发现了镜像神经元的踪影，它们也很可能存在于我们人类的大脑之中。

镜像神经元的发现引起了不小的轰动，一位著名的神经学家甚至将它与DNA的发现相提并论。科学家把镜像神经元理论引入到语言习得、自闭症研究和社会行为理论之中，这些小细胞就像几年之前才发现的神经网络一样，很快就吸引了公众的注意，因为无论我们讨论的是精神生活的哪方面内容，似乎有一点是肯定的：最后总会有人发现，它能通过镜像神经元来解释。

因此，我们也许可以用一个简洁的理论来解释"同情"：甲发现乙在承受痛苦；甲通过镜像神经元的活动感受到乙的痛苦；所以甲想帮乙驱除痛苦，因为这样一来，甲自己的痛苦也会随之消除。由镜像神经元驱动的“共情”会模糊人与人之间的界线，他人的痛苦会成为我们自己的痛苦，出于自利的行为也因此而表现为同情和援助。这一理论完美地体现了简化主义者的思想：用更基本的心理机制“共情”来解释“关心他人”这个神秘难解而又意义重大的现象，再利用大脑中某个特殊的生理机制来解释“共情”。

共情和同情关系很微妙

尽管这条理论简洁优雅，但我们仍有不少东西需要讨论。在开始之前，我想借爱因斯坦的话来声明一点：“一切理论都应该尽可能简化，但不能超过它所能简化的极限。”

我们现在已经证明，“镜像神经元理论”其实过于乐观了。仅凭镜像神经元还不足以解释我们的语言能力，以及复杂的社会推理能力，因为同样拥有镜像神经元的恒河猴就没有发展出语言，也无法进行复杂的社会推理。镜像神经元甚至都不足以解释我们对他人行为的模仿，因为恒河猴其实并没有模仿其他恒河猴的行为。此外，镜像神经元所在的大脑结构与产生“共情”的大脑结构并不相同。因此，不少心理学家和神经学家认为，镜像神经元很可能不具备任何社会功能，它们的作用也许仅限于探知其他个体的活动——但就连这个说法也饱受争议。

无论真实情况如何，镜像神经元都不是共情理论讨论的重点。我们确实拥有共情的能力，而这种能力又必然得通过某种形式产生于我们的大脑——如果不是通过镜像神经元，那么就得通过其他途径。但我们最关心的问题并不是神经解剖学或者神经生理学，而是“共情”在更宏观的道德心理学中究竟扮演了何种角色。

我自己是个适应主义者（adaptationist）①，我很难想象共情这样复杂的心理能力是生物进化的偶然产物。它很可能拥有某种特定的功能，而可能性最大的是，它能激励我们关心他人。就如同饥饿感驱使我们寻找食物、欲望驱使我们作出性行为、愤怒驱使我们在面对威胁时积极抗争一样，共情之所以存在，是因为它能激励我们同情他人，作出利他行为。

但是，共情（感他人之所感）和同情（对他人产生友善之意，并为他人作出善行）之间的关系，要比很多人所认为的更加微妙。

第一，虽然共情有时候是一种自发而无意识的心理活动（比如，哭泣的人会影响你的心情，就算你自己没有注意到，或者你努力不让自己的心情受到影响），**但我们往往能自主选择是否对他人产生共情。**比如，我听说某个政治犯正饱受酷刑折磨，我可以通过自己的心理活动想象他可能会遭受怎样的酷刑（当然，我们的想象力极其有限）；或者我看到一个人在颁奖台上领奖，我可以通过自己的心理活动体会到他的紧张和骄傲。所以共情也可能是道德选择的产物，而不是作出道德选择的原因。

GOOD AND EVIL 实验室

共情也会受到其他因素影响，比如我们对他人的看法。在一项研究中，男性被试需要和一位“陌生人”进行金钱交易。他们或者得到奖励，或者遭遇欺骗。然后他们会看到这个陌生人遭受轻度电击。如果受到电击的陌生人是给予他们奖励的好人，被试就会表现出与“共情”一致的神经反应——他们大脑扫描图中“亮起”的部位正是他们自己遭受

① 适应主义认为，生物进化是通过自然选择而获得适应性进化的结果。——译者注

电击时活跃起来的大脑结构。但是如果遭受电击的陌生人是欺骗他们的坏家伙，被试就不会产生共情，而且他们大脑中与奖励和快感有关的部位就会“亮起”。（然而女性被试表现出的差异性较小，或者说女性本来就比男性更善良——无论那个陌生人如何对待她们，她们在陌生人遭受电击时都会产生与共情有关的神经反应。）

第二，产生同情不一定需要共情。要搞明白这一点，我们不妨思考一下哲学家彼得·辛格提出的案例—— 一个确信无疑的良善行为：假设你路过湖边，看到一个年幼的女童正在水里挣扎。湖水很浅，只有一米左右深，但是孩子溺水了，正在无助挣扎，她的父母也不在周围。如果你和大多数人一样，就会涉水去把孩子救上岸——就算你会在营救过程中毁掉自己的鞋子。（似乎从两千多年前开始，哲学家就喜欢拿溺水儿童来举例。比如中国古代学者孟子曾经写道：“每个人都有体恤他人痛苦的心性……比如有一名男子，忽然看到一个小孩要掉到井里去，他必然会产生同情之感。”①）

共情会引发同情之感，让人作出善行，我认为这确实言之成理：你看到那个吓坏了的小姑娘在水里挣扎喘气，你也会感到恐惧和呼吸困难，就好像自己也溺水了一样。你想消除自己溺水的痛苦，而这一动机又会激励你向女童伸出援手。但是在一般情况下，事情并不是这样发生的。你很可能会立即冲入水中，就算你从未曾设身处地感受过溺水的恐怖。正如心理学家史蒂芬·平克（Steven Pinker）所说：“如果一个孩子被一条狂吠的狗吓坏了，正因恐惧而大声哭号，那么我也会对他产生共感反

① 即“人皆有不忍人之心……今人乍见孺子将入于井，皆有怵惕恻隐之心”，见于《孟子·公孙丑上》。——译者注

应，但我不会和他一起因恐惧而大声哭号，我会安抚他、保护他。”

第三，你不但可以在不产生共情的情况下作出同情的善行，你也可以在产生共情的情况下不作出同情的善举。也就是说，你可能会切身感受到他人的痛苦，他也渴望能消除自己的痛苦，但是你选择的解决方法是远离此人，而不是竭尽所能去减轻此人的苦痛；你可能会径直从湖边走开。哲学家乔纳森·格洛弗（Jonathan Glover）讲述过一个真实案例：

> 曾有一位女士住在德国纳粹死亡集中营附近，她亲眼目睹囚犯在被执行枪决数小时后才在痛苦中死去。她心情异常沉重，便致信政府："没有人想要目睹这般暴行。无论如何我已经受够了，这番景象给我的神经造成了很大压力，长此以往我必将无法忍受。我要求终止此等非人行径，或者至少应该转移到没人看见的地方进行。"

她对死囚犯产生了强烈的共情；在她看到他们惨遭虐杀时，她自己也深受伤害。她在信中用到"暴行"、"非人行径"等字眼，可见她并非对这等人性缺失的野蛮行径完全无动于衷。但是她可以容忍纳粹对囚犯的虐杀，只要不在她眼皮底下进行就行。这固然是个极端个例，但对我们一般人来说也并非无法理解。就算一个人在其他任何情况下都特别善良，当他面对发生在遥远异国他乡的痛楚和苦难时，或者在城市街道上行经某个无家可归的流浪汉时，他也可能会转身离去。

还有**第四**种情况。**你可以感受到他人的痛苦，产生强烈的共情，但是共情并没有激发同情，而是激发了另外一种情感**。这种情感在英语中没有一个单一词汇能够形容，但在德语里却有一个词恰到好处——"schadenfreude"（幸灾乐祸）。你喜欢看别人受苦，想让别人的痛苦持续下去，或者变得更强烈。性虐待狂就是其中一种极端的例子。但某些“幸灾乐祸”纯属正常现象。我可能会开心地设想对手迟早会遭到报应；我可能会想象他的痛苦，然后享受这番臆想。

到目前为止，我们已经知道“同情”和“共情”截然不同。我们还应知道，“同情”和“道德”也显然不同。假设一名囚犯央求警官把他放走。警官可能会同情他，但是绝不应该屈服于私情，因为自己还必须遵守道德原则。我们还可以举一个不那么戏剧性的例子：一名考试不及格的学生可能会恳求我给他一个高一点的分数。我可能会同情他，但是我知道，如果我为他修改分数，对班上的其他学生就不公平了。

我们在实验环境中也常能看到“同情”和“道德”的冲突。心理学家丹尼尔·巴特森（Daniel Batson）和同事在实验中发现，如果要求被试从另一个人的角度思考问题，那么被试就更有可能偏爱此人。假如他们手中握有一张生死攸关的等候救治名单，他们可能会把一名饱受病痛折磨的少女移到其他人前面。但是这样做并不道德，因为我们必须经过客观公正的审核流程才能作出这样的决定，而不能看谁激起的情感反应最强烈。所以要成为一个好人，我们必须有能力压制自己的同情之心，而不是任其泛滥成灾。

拥有道德不能缺了同情

虽然“同情”和“道德”并不相同，而且有时二者还会发生冲突，但是“同情”对“道德”来说仍然必不可少。如果我们对他人漠不关心，我们就不可能拥有道德。

从我们降临人世的那一刻开始，我们就和他人产生了联系。“没有哪个婴儿是一座孤岛”[①]，就算是刚刚出生的婴儿，也会对他人的表情作出反应：如果一位实验人员冲婴儿吐舌头，婴儿很可能会试图模仿。但是他从来没有看过镜子，所以他必然从本能上知道，这个大人的舌头就对应着自己嘴里的那个东西——虽然他可能从来没有亲眼见过。这类模仿行为的目的很可能是让婴儿和周围成年人建立起某种联系，把他们的情感维系在一起。事实上，父母和婴儿经常在不经意间模仿对方的表情。

婴儿也会对他人的痛苦作出反应。还记得小威廉在 6 个月大时就表现出了同情之意吗？当保姆假装哭泣的时候，他也在“脸上流露出明显的忧伤”。就算婴儿刚刚出生几天，他们也会因为他人的哭声而感到难过，往往自己也会跟着哭起来。他们并不是对哭声或噪声刺激盲目作出反应。因为研究发现，与听到自己的哭声相比，婴儿在听到其他婴儿的哭声之后往往会哭得更加厉害；而且就算他们听到由电脑合成的音量相同的噪声，或者黑猩猩幼崽的哭声，他们也不会哭得这么厉害。

其他生物如果发觉自己的同类正在承受痛苦，它们也会感到难过。如果恒河猴发现一旦它们拉动那个能带来食物的操纵杆，就会给另一只恒河猴带来痛苦的电击，那么它们就算饥肠辘辘也不愿意这样做。老鼠会向同类伸出援手，按压操纵钮把困在半空中的老鼠救下来，或者把困在装满水的水箱里的老鼠放出去；它们也和恒河猴一样，如果发现按压按钮会给另一只老鼠带来电击，即使这样做会为自己带来食物，它们也不会继续下去。

这类行为很可能反映出了我们的同情之心。但是我们也能找到一个更消极的解释：恒河猴和老鼠（可能还有人类）进化出了发现他人痛苦

① 这句话出自英国诗人及传教士约翰 · 多恩（John Donne）的短诗《没有谁是一座孤岛》（*No Man Is An Island*）。——译者注

的能力，但没有进化出对痛苦个体的真正关切。也就是说，动物可能会产生共情，但不会产生同情。

我们在观察婴儿和幼儿的行为时发现了更多东西。面对他人的痛苦，他们并没有转身离去，而是试图通过自己的行动让那个人心情变好。发展生物学家在很久以前就观察到，年仅一岁的婴儿会通过轻拍安抚痛苦之人。心理学家卡罗琳·赞恩–韦克斯勒（Carolyn Zahn-Waxler）和她的同事发现，如果幼儿从自己周围的人的举动之中发现他们似乎十分疼痛（比如母亲撞到膝盖，或者实验人员的手指被夹板夹住），他们常会作出安抚行为。而且安抚行为也存在性别差异，女孩比男孩更倾向于安抚他人。这种性别差异又与大量实验研究的结果相吻合，许多研究证明，女性一般来说怀有更大的共情和同情之心。你还可以在其他灵长类动物身上观察到类似的安抚行为。根据灵长类动物学家弗兰斯·德瓦尔（Frans de Waal）的说法，黑猩猩会张开手臂环抱受到攻击的同类，轻拍它或者为它清理毛发——但是猴子却不会作出类似行为。

不过婴儿和幼儿在安抚他人方面作出的尝试十分有限，频率也并不太高。研究发现，幼儿抚慰他人的频率要低于更年长的儿童，而后者又低于成年人。有时幼儿在看到他人承受痛苦时自己也会变得很悲伤，然后他们就会回过头来安抚自己，而不是那个真正承受痛苦的人。由共情引发的痛苦会令人感到难过，但有时难过之意实在太过强烈，会让他们自己情绪崩溃。对于老鼠来说，情况也是如此。在一项实验中，老鼠可以通过按压某个按钮来阻止另一只老鼠遭受痛苦的电击。但是很多老鼠都不敢去按那个按钮，而是“缩回到鼠笼最远处的角落里，然后蹲在那儿一动不动，远离那个因疼痛而尖叫不断、因电击而跳动不停的同类”。

幼儿对他人痛苦的反应有时也出于利己私心。他们之所以这么做，是因为他们自己也希望得到同样的待遇。比如心理学家马丁·霍夫曼（Martin Hoffman）曾经写道，一个14个月大的婴儿带着正在哭泣的同伴去找自己的母亲，而不是那个哭泣孩子的母亲。当时霍夫曼认为，幼儿之所以会“搞混”，是因为他们的认知发育还不够成熟，无法从他人的角度思考问题。但事实上，在面对他人的痛苦时，任何年龄段的人都有可能从自己的角度想问题。有一天，我和妻子并排坐在一间餐厅里用餐。妻子提到她口干舌燥，于是我礼貌地把自己的啤酒递给她。但她只是盯着我看。过了片刻我才意识到，她痛恨啤酒，而我热爱啤酒。

婴儿的赤子之心

婴幼儿不只会安抚他人，还会作出另一种同情善举——帮助他人。过去数十年来，大量现实生活中的奇闻趣事和实验室里的学术研究都纷纷证明，婴幼儿可以自发帮助他人。1942年时，一位研究者这样描述自己的儿子：“他现在特别乖巧。在我今天早上走进房间的时候，他说：‘爸爸想要拖鞋。’然后跑去帮我拿来拖鞋。”1966年时，一位心理学家在提到一个18个月大的孩子时写道：“他和我一起在花园里工作，很快就能熟练地使用耙子和铲子了……他还在房间里帮我操作真空吸尘器和拖把……他还会为她父亲找来想要的衣服……”另一位活跃于20世纪80年代初的心理学家曾经把她的实验室变成一个乱糟糟的家，桌子上的东西乱成一团，床也没铺，地上到处扔着书本和卡片，洗好的衣服也没有叠起来收好。她带进实验室的大多数儿童（年龄介于18~30个月之间）都满腔热情地自发帮助她打扫房间。他们会说：“我来帮你吧，我来拿这个小灯泡。”

我在上一章中还提到过一些最新研究。心理学家发现，幼儿会帮助成年人去拿他们想够但却够不到的物品，或者在他们怀里抱满东西时帮他们打开柜子门。幼儿在没有任何成年人提出要求的情况下就会自发提供帮助——甚至连目光接触都不用。这类帮助行为让人印象深刻，因为“帮助”就和“安抚”一样，对幼儿来说颇有一定困难。幼儿需要知道什么地方出问题了，还需要知道何种行为能够解决问题，最后他们还要在某种激励之下亲自走过去提供帮助。

怀疑论者可能指出，我们并不知道人类为何会作出帮助行为。毕竟很多成年人就算没有受到同情的驱使，也常常会为他人提供帮助。如果你看到一个手里抱满书本的人试图打开一扇紧闭的门，你会自然而然俯过身去把门打开，不需要等他发出请求。你的小小善行可能并非出于善心，而只是一种习惯，就像在人家打喷嚏的时候自然而然说出“(上帝)保佑你”[①]一样。

又或者幼儿只是纯粹喜欢帮助他人，而对被帮助的那个人其实并不关心。如果一个成年人想要拿到他够不着的东西，然后一名儿童把那东西给他递过去，那么这名儿童的动机有可能是解决问题并得到大人的夸赞。又或者他们之所以作出帮助行为，并不是为了让大人开心，而是为了获得大人的认同。在孩子试图为我们提供帮助的时候，我们会觉得他们十分乖巧可爱。或许这才是问题的关键——也许他们的帮助行为拥有某种进化适应性，他们会因此赢得照顾者的喜爱。幼童帮助行为的作用很可能类似于他们迷人的生理特征，比如大大的眼睛和圆圆的脸蛋。

---

① 西方社会有这样一种习惯，在别人打喷嚏的时候说“上帝保佑你”(英语国家)，类似的还有“祝你健康”(德国)等。现在西方人在说“上帝保佑你”的时候一般把“上帝”省略，可能是为了避免宗教冲突。——译者注

但是研究者也发现了新的证据，证明儿童的帮助行为确实出于对他人的真诚关心——至少是较年长儿童的帮助行为。我的同事阿莉娅·马丁（Alia Martin）和克里斯蒂娜·奥尔森（Kristina Olson）曾经做过这样一个实验。

GOOD AND EVIL 实验室

她们安排一名成年人和一个三岁儿童一起做游戏，在游戏过程中，成年人会请求儿童递给自己一件物品以完成某项任务。假如成年人手边有一张关于水的图片，那么她就会向孩子请求："你能递给我一个杯子让我接水吗？"如果成年人要求的物品符合逻辑，比如说一只没有磕坏的水杯，那么大多数儿童都会找出物品递过去。但有时候成年人要求的物品不合逻辑，比如一只磕坏了的水杯。马丁和奥尔森发现，在这种情况下，儿童常常会忽略成年人的请求，而递给她一件自认为合适的物品，比如去房间另外一边找来一只完好的水杯。所以说，儿童并不是在盲目服从成年人的要求，他们是真心想要帮她完成任务。

另外，如果儿童在帮助他人时真的在意他人，那么他们也应该会有选择地为他人提供帮助。心理学家阿玛丽莎·瓦利什（Amrisha Vaish）和她的同事发现，三岁大的幼儿更有可能帮助那些曾经帮助过他人的人，较不可能帮助那些曾经恶劣对待他人的家伙。心理学家克丽丝滕·邓菲尔德（Kristen Dunfield）和瓦莱丽·库尔迈耶在研究21个月大的幼儿时，也得出了相同的结论。

GOOD AND EVIL 实验室

幼儿坐在两名实验人员对面，每名实验人员手里都拿着一个玩具，作出要递给幼儿的姿势，但是幼儿没有拿到任何一个玩具。因为其中一名实验人员只不过是想戏弄他们，并不打算真的交出玩具，所以一直紧紧抓着玩具不放；另一名实验人员确实想把玩具递给孩子，但是却“不小心”把它掉落在地。当这些孩子拿到了自己的玩具，准备递给这两名实验人员时，他们更倾向于把玩具交给那个曾尝试把玩具递给他们的人，而不是那个曾经戏弄他们的人。

分享是一种更能体现同情和利他精神的行为。儿童在半岁以后，就开始主动分享。分享的程度会在接下来几年中快速提升。但是他们只和家人或朋友分享，很少会顾及陌生人。部分科学家和家长总担心孩子缺乏分享意识，怀疑这是不是代表了他们在道德上不够成熟。但是这番论断可能并不公平。一个两岁孩子不愿意把自己的玩具交给一个他刚在心理学家的实验室里遇到的小孩，这和一个大人不愿意把自己的车钥匙交给陌生人有什么两样呢？正因如此，寻找儿童早期分享行为的实验总会惨淡收场，我们也不必太感意外。心理学家西莉亚·布劳内尔（Celia Brownell）和她的同事采用了一种新型实验方法，这种方法本来是为探索黑猩猩的利他行为而设计的。

GOOD AND EVIL 实验室

研究者让儿童坐在两根操纵杆之间，让他任意拉动其中一根。第一根操纵杆会给孩子带来一点奖励，也会给坐在他对面的一名实验人员带来一点奖励；另一根操纵杆会给孩子带来一点奖励，但不会给坐在他对面的人带来任何奖励。

> 如果坐在对面的实验人员一直缄口不言，那么 8 个月大的婴儿和 25 个月大的幼儿都会随机选择操纵杆，不会特意为实验人员谋求奖励。但如果实验人员说“我喜欢小饼干，我想要一块小饼干”，那么 25 个月大的幼儿就会伸出援手，但是 8 个月大的婴儿仍然会随机选择。

研究者在论文中重点讨论了这一现象的光明面：两岁大的儿童“在自己的利益不受损的情况下，自愿与跟自己毫无关系的外人分享有价值的资源”。她们的结论确实令人印象深刻。但是我最感兴趣问题的是，没有任何一组儿童会在无人提议的情况下主动与人分享，即使分享行为不会给他们自己带来任何损失。我猜这是因为坐在桌子对面的是一个陌生的大人；如果他们面对的是自己的父母或者祖父母，他们的表现可能会友善得多。

我需要特别强调这最后一点，我还将在本书接下来的几章里再次提到：在 4 岁以前，儿童很少会自发对陌生的成年人表现出友善之意。虽然我们也讨论了一些“例外”研究，证明儿童也可能对家人和朋友之外的成年人行善，比如提供帮助，但是我们也需注意，参与这些研究的成年人并不是那么陌生。因为一般在实验开始的时候，儿童（当然还有他的母亲或者父亲）经常会和研究人员进行互动，作为实验正式开始之前的“热身”活动；他们会一起进行友好的互惠互动，比如相互传球。

这类热身环节会对实验结果造成一定影响。心理学家鲁道夫·巴拉甘（Rodolfo Barragan）和卡萝尔·德韦克（Carol Dweck）发现，如果研究者在实验开始前不进行此类互惠互动，而只是友善地表示欢迎，感谢儿童参与到实验中来，那么在之后的实验里，作出帮助行为的儿童数量就会减少大约一半。我敢打赌，如果在实验开始之前，实验人员连一点友好的表示也没有，那么在实验环节中几乎没有儿童会主动提供帮助。

从评判他人到自我评判

到目前为止，我们已经初步探索了人类对其他人的看法，还有他们因此而作出的行动。但是有道德的人也会评判自己。我们会因自己的善行而感到骄傲，因自己的恶行而感到内疚；这些道德情绪会在将来帮助我们决定自己应该做什么、不该做什么。至少心理学家已经在成年人身上发现“评判他人”和“评判自己”紧密相关。如果你倾向于与另一个人产生共情，那么在你伤害他的时候，你就更有可能感到内疚。如果你是一个很容易对他人产生共情的人，那么你也可能是一个很容易感到内疚的人。

但是我们很难研究婴儿的自我评判，我们也对自我评判的发展过程所知甚少。真要比较起来，设计一个戏剧式的场景向婴儿展示“好人”和“坏人”，借此观察他们对不同角色的反应，相对来说还是很容易做到的。但是要设计一个场景诱导婴儿自己作出善意或恶意行为，然后观察他们对自己善行或恶行的反应，那可就困难多了（但也许并非完全不可能）。

尽管如此，我们还是可以在人类生命早期观察到自我评判的迹象。婴儿和幼儿常会流露出自豪之情。正如我们在小威廉的故事里看到的那样——他把自己的姜饼让给小妹妹之后，显得十分愉快。当然还有内疚。在生命的头一年里，婴儿如果伤害他人，也会表现出紧张情绪；随着年龄的增长，紧张情绪的出现频率也会逐渐提升。

GOOD AND EVIL 实验室

1935 年，心理学家夏洛特·比勒（Charlotte Buhler）凭借一个巧妙的实验成功诱导儿童产生了内疚之情。她让一名成年人和一名儿童待在同一个房间里，同时在儿童触及范围之内放上一个玩具，但是成年人不让儿童碰它。过了一会儿，成年人转身离开房间。研究者发现，所有的一岁和两岁儿童“都认为，在成年人和自己切断联系的那一刹那，禁令就解除了，于是他们拿过玩具玩了起来”。

但不久之后，成年人突然回到房间。这时，60% 的 16 个月大的儿童和 100% 的 18 个月大的儿童都会“羞愧不已，满面通红，带着惊恐的表情向成年人转过头去”。而 21 个月大的儿童则会“把玩具迅速放归原位，试图以此来挽回局面”。

儿童自然流露出的惊恐之情很可能与道德无关，但是羞愧，而且满面通红，无疑显示出某些特别的东西。随着孩子年龄增加，这类反射性的内疚表情会逐渐被明确的道德自辩行为取代：在同一项研究中，两岁儿童试图“为自己的违规行为找借口，比如声称玩具是他们自己的”。

如前所述，早在婴儿自己有能力做好事和坏事之前，他们就已经有能力分辨他人的善行和恶行。由此看来，“道德感”一开始似乎是对外的；在儿童心理发展达到某个阶段之后，道德感才开始转向自身。从那以后，儿童开始将自己视为道德主体（moral agent），并通过内疚、羞愧和骄傲等道德情绪，展现自己的道德认知。

同情的天性超越自私的基因

我们在本章中看到，儿童表现出来的共情和同情存在一定的局限性。但是我们居然在如此年幼的生命身上就能发现道德行为和道德情感的踪迹，已足够令人惊叹。英国作家塞缪尔·约翰逊（Samuel Johnson）的话也许是最好的总结（虽然他当时说的是另一件事）：“就像狗用后腿走路一样。虽然它走得并不好，但是你依然感到惊讶：它居然能用后腿走路。”

然而，达尔文并不惊讶于我们天生就有同情意识，他之前的许多科学家、哲学家甚至神学家也并不对此感到陌生。本书的主角之一亚当·斯密就曾经以清晰明辨的语言作出一番精彩总结。亚当·斯密最有名的作品是出版于1776年的《国富论》。他在书中提出，繁荣可以产生于自私主体的相互作用。但是他从不认为人类是全然自私自利的生物，他对与同情有关的心理活动有着特别敏锐的洞察力。他在《道德情操论》开头以清晰的语言和强大的声势，点明了自己的观点：

> 无论我们认为人类有多么自私，我们都无法否认，人类确实拥有某些天性，让他关心他人的命运，把他人的福祉看作自己的事情，虽然除了为他人的幸福感到愉悦之外，他不会得到任何好处。这种天性就是“怜悯”，或称为“同情”，是我们对他人的不幸遭遇产生的情感。这不幸可能为我们亲眼所见，也可能通过身临其境的想象而知，比如，我们常为他人的悲伤而感到悲伤。这种显而易见的事实，不需要再用更多例子证明。这种情感，就和人类天生具备的其他原始情感一样，绝不只为品行高尚之人独有，虽然他们的情感可能更加敏锐细腻。

JUST BABIES

第3章

正义怎么才能得到伸张

|道德审判|

THE ORIGINS OF GOOD AND EVIL

喜剧演员路易斯的拿手好戏之一，就是专门谈他女儿对“公平”的理解。开场白是这样的：“我有个 5 岁的女儿。一天，她的玩具坏掉了。为了公平起见，她要求我把她妹妹的玩具也弄坏。”这样做确实会让姐妹两人变得“平等”，但是这则故事之所以令人捧腹，是因为我们总觉得有什么不对劲。“于是我这样做了。我都要哭了。然后我看着她，她脸上露出了这种可怕的微笑。”

平等——人性中最深切的渴望

我们对“公平”的直觉说起来就容易多了。假设你有两个玩具，你面前有两个孩子，你把两个玩具都交给其中一个孩子。如果另一个孩子年龄足够大，已经学会说话，他就会提出抗议，可能会说：“这不公平！”他当然是对的。公平分配会让两名儿童获得的快乐总和最大化。如果给每个孩子一个玩具，他们都会很开心；但如果玩具分配不平均的话，那个一无所得的孩子就会变得很难过，而他的难过之情，会超过另一个孩子因为得到两个玩具而额外增加的喜悦。而且你不应该在不必要的情况下作出不平等的分配，因为这是错误的。

但是情况很快就要变复杂了。“平等”和“公平”问题是现实世界中最迫切需要讨论的道德问题之一。比如说，几乎所有人都认为，公平的社会应该把平等推广至每一个公民。但是哪种“平等”在道德上更可取？是机会平等，还是收入平等？人们往往莫衷一是。如果所有人在刚开始的时候都享有平等的机会，那么生产力最高的人最后占有最多资产，究竟是否公平？如果政府征收富人的财产再赠予穷人，究竟是否公平？如果重新分配资产的真实目的并非帮助穷人，而是让社会成员更加平等（就像路易斯在故事里讲的一样，弄坏另一个女儿的玩具），那么你的答案是否会发生变化？

心理学家威廉·戴蒙在 20 世纪 70 年代进行了一系列颇有影响力的研究，他以采访的形式来探究儿童对“公平”的理解。他发现儿童只在意结果平等，而不考虑其他方面。我从他的一项研究中摘录了一个小片段（儿童应邀就 1 分钱硬币分配不平均问题发表意见）：

实验人员：你是否认为有人应该比其他人得到更多硬币？

安妮塔（7岁零4个月）：不，因为这不公平。有人得到35美分，有人只得到1美分，这不公平。

实验人员：但是克拉拉说她比所有其他人干的活都多，所以她应该得到更多钱。

安妮塔：不，她不应该得到更多钱，因为这不公平，就像她得到1美元，而其他人只得到1美分。

实验人员：她该不该拿得比别人少？

安妮塔：不。所有人都应该得到同样多的钱，不然就不公平了。

我们还可以在更年幼的儿童身上发现同样的“平等偏见”。心理学家克里斯蒂娜·奥尔森和伊丽莎白·斯皮克（Elizabeth Spelke）让三岁儿童帮助一个洋娃娃把资源（比如贴纸和糖果）分配给另外两个角色，这两个角色和洋娃娃的关系各不相同：它们可能一个是洋娃娃的兄弟姐妹，另一个是陌生人；或者一个是朋友，另一个是陌生人。奥尔森和斯皮克发现，如果待分配的资源总数是偶数，那么几乎所有的三岁儿童都希望洋娃娃能平均分配资源，不管那两个角色和洋娃娃关系如何。

GOOD AND EVIL 实验室

“平等偏见”的力量十分强大。奥尔森和另一位研究者亚历克斯·肖（Alex Shaw）给年龄介于6~8岁的儿童讲述了马克和丹的故事：有一天他们打扫了自己的房间，应该得到一些橡皮做奖品。“我不知道该给他们多少块橡皮，你能帮我决定吗？那真是太好了。你现在需要决定马克和丹各得到几块橡皮。我们一共有5块橡皮。我们给马克1块，给丹1块，再给马克1块，给丹1块。噢，不！我们还剩下1块橡皮。”

然后研究者问：“我应该把剩的这块给丹吗？还是我应该把它扔掉？”几乎全部儿童都希望研究者把这块橡皮扔掉。就算研究者强调，马克和丹都不知道有一块多出来的橡皮，所以他们不会因为多收或者少收一块橡皮而得意洋洋或者嫉妒万分，实验结果也一样。即使是在这种情况下，儿童也迫切渴望平等；为了达到平等，他们不惜把多出来的东西毁掉。

我不知道成年人是否也会做同样的事。假设你得到了5张100元纸币，你要把它们放到两个信封里，分别寄给两个人。在此情形之下，你当然不可能作出平等分配。但是你真的会把第 5 张 100 元纸币放入碎纸机吗？参与肖和奥尔森实验的孩子们似乎把“平等”看得太重了。我们难免怀疑，儿童采取这种一根筋的做法，是否和他们在家庭之外的生活经验有关？美国儿童心理学家的研究对象大多都是从学前班和日间托儿所里找来的儿童，而这类机构通常都会不断向儿童灌输平等观念；在这类社群中，每个孩子都会得到奖励，每个人的表现都出类拔萃。

这些生活经验很可能会给儿童带来一定影响。但是最近有一系列研究证明，早在学前班和日间托儿所有可能对儿童的道德偏好加以斧凿之前，儿童的“平等偏见”就已经出现了。

GOOD AND EVIL 实验室

在一项研究中，心理学家亚历山德拉·杰拉奇（Alessandra Geraci）和卢卡·苏里安（Luca Surian）给 10 个月大和 16 个月大的儿童上演了几出玩偶戏：狮子和熊各自要把两个五颜六色的圆盘分给驴和牛。狮子（在另一出戏中换成了熊）会给驴和牛各分一个圆盘，而熊（在另一出戏中换成了狮子）会给其中一位两个圆盘，至于另一位则什么也不给。然后研究者会把狮子和熊带到儿童跟前，问他们：“这两个里面哪个是好人？请告诉我吧。”10 个月大的婴儿会随机选择。但是 16 个月大的婴儿则普遍选择了那位公平的分配者。

心理学家马可·施密特（Marco Schmidt）和杰茜卡·萨默维尔（Jessica Sommerville）也做了类似的实验，只不过他们把研究对象换成了 15 个月大的幼儿，而且他们还用真人来代替动物玩偶作出公平或者不公平的分配。他们发现，15 个月大的幼儿注视不公平分配者的时间会更长，意味着他们对这种行为感到惊奇。（控制组排除了可能的干扰因素，比如场景不对称——在这种情况下，幼儿的注视时间也可能较长。）

GOOD AND EVIL 实验室

还有其他研究证明，儿童有时候也会把注意力从“平等”上移开。在一项由心理学家斯蒂芬妮·斯隆（Stephanie Sloane）、勒妮·白拉尔戈昂和戴维·普瑞马克合作进行的实验中，研究者让 19 个月大的幼儿观看一出戏。戏中有两个角色，他们一开始在玩玩具，然后在第三方的要求下开始整理房间。当两个人都整理完毕之后，婴儿期望实验人员给予两人相同的奖励，所以如果奖励不平均的话，婴儿的注视时间会更长。但是如果其中一人包揽了全部清洁工作，另外一个则是个懒鬼，在他同伴搞大扫除的时候依然在玩玩具，那么在实验者平均奖励两人的时候，婴儿的注视时间会更长。这很可能是因为婴儿觉得付出的努力不同，得到的奖励就不应该相同。

另外，如果待分配的资源数量不是偶数，儿童也足够聪明，知道该如何处置多出来的资源。如前所述，6～8 岁儿童在给两个打扫房间的角色分配奖品时，宁愿把多出来的第 5 块橡皮扔掉，也不愿意作出不平等分配。但如果你加上这么一句话——“丹干的活比马克多”，那么几乎所有孩子都会改变自己的决定。现在他们不想扔掉多余的橡皮了，而想把它拿给丹。前文还提到另外一个实验，儿童需要通过一个洋娃娃来分配资源，如果资源的数量为偶数，那么儿童就倾向于作出平均分配。但是研究者也发现，如果资源的数量为奇数，而且要求儿童不能把多余资源扔掉时，3 岁儿童会让洋娃娃把多出来的资源分配给它的“兄弟姐妹”和“朋友”，而不是陌生人；把更多资源分配给之前曾送它东西的角色，而不是之前什么也没付出的角色；把更多资源分配给慷慨对待其他人的角色，而不是态度恶劣的角色。

但是年幼儿童也并非通晓一切。在我与心理学家科琳·麦克恩科（Koleen McCrink）和劳丽·桑托斯（Laurie Santos）合作进行的部分实验中，我们发现较年长的儿童也会和成年人一样，用比例来衡量慷慨的程度，比如一个拥有三样东西而送出去两样的人要比一个拥有十样东西而给出去三样的人“更好”，而年幼儿童只会把注意力放在绝对数量上。其他实验还发现，我们直到青春期才能理解不平等也可以因为种种因素合理化，比如幸运、努力程度和技能水平。

但是我们能在所有年龄段的儿童身上看到他们对平等的压倒性偏好。儿童期望平等分配，也更喜欢那些平等分配资源的人；在自己分配资源的时候，他们也会强烈倾向于作出平均分配。这与许多人对人类本性的看法完美契合：我们天生就拥有某种崇尚公平的本能，我们是天生的平均主义者。正如灵长类动物学家弗兰斯·德瓦尔所说：“罗宾汉[①]是对的，人性中最深切的渴望就是均贫富。”

平均主义与“看不见的手”

我们似乎确实渴望均贫富，如果是别人失去财产的话。但如果我们自己要散财，我不认为我们依旧怀有这种罗宾汉式的浪漫精神。恰恰相反，我们会努力寻找自己的相对优势；指挥我们行动的不仅仅是我们对

① 罗宾汉是英国民间传说中一位劫富济贫、行侠仗义的绿林英雄。——译者注

平等的渴求，还有我们对自身财富和地位的私心。这种思维模式屡见于小型社会和以西方成年人为对象进行的实验研究。当然，最重要的是，年幼儿童在面临自身损失时，也常会作出同样的选择。

首先让我们来看看社会。在人类有记载的历史中，在绝大多数时候，我们栖身的社会都充斥着大量不平等。也许我们“智人”本就是一个讲究等级制度的种群，就像我们研究的其他许多“大猿”（great ape）[①]一样。也许我们天生就懂得支配与臣服——我们经过自然进化的塑造，生来就准备好要生活在等级群体之中；这个群体里有一位强势的领导者，也就是“雄性老大”（alpha male）或者“大佬”（Big Man），所有人都得臣服在他脚下。如果真是这样的话，那么我们完全可以想见，在当代小型社会中也会出现同样的社会结构。真要说起来，在大约 10 000 年以前，早在农业、动物驯化和现代科技出现之前，古人的生活方式和我们现在其实没什么本质区别。

1999 年，人类学家克里斯托弗·贝姆（Christopher Boehm）在《丛林中的等级制度》（*Hierarchy in the Forest*）一书里，研究了数十个小型人类群落的生活方式，其中就提到了这个问题。但多少让人有点惊讶的是，他发现那些小型社群的成员居然都是平均主义者。物质不平等程度被降到最低，一切资料都被分配给所有社会成员，年长者和患病之人都会得到他人的照料。虽然群落中也有领导者，但是他们的权力会受到其他人的不断约束；这些小型社会的组织结构相当灵活，绝非人们料想中那般等级森严。

我并不想粉饰狩猎–采集者的生活方式——我一点也不想生活在一

① “大猿”，即人科生物（Hominidae），包括现代人、所有已灭绝的古人类，以及几乎所有猩猩。——译者注

个没有小说和抗生素的世界里。而且不管怎么说，狩猎－采集者们对他人并非总是那么友善。他们在和其他成年男性相处时确实是平均主义者，但在其他时候，他们就开始推崇等级制度，比如父母支配孩子，丈夫控制妻子。而且我们虽然说他们是“平均主义者”，但并不意味着他们也是“和平主义者”。狩猎－采集社会充满种种暴力——男性对女性施暴、以暴力手段争夺配偶、与敌对部落发生暴力冲突……因此，本书的大部分读者应该都不太像现代版的狩猎－采集部落成员。不过，就算是某些在现代社会地位很低的人，比如住在曼哈顿街道上的老年流浪汉，或者生活在巴西圣保罗的雏妓，他们如果作为狩猎－采集部落的成员可能会生活更好一些，因为部落至少会为他们提供社区支持、食物和尊重。

从目前来看，似乎人类学方面的证据都支持罗宾汉理论。也就是说，人类被自然赋予了某种根深蒂固的对公平的偏好，引导我们在自己的“自然”社会结构中创造平等。但其实贝姆提出了完全不同的见解。他观察到，狩猎－采集者之所以会采用平均主义的生活方式，是因为每个人都非常看重自己的社会地位。社会中的每个个体最后之所以能达到大致平等，是因为每个人都努力确保他人不将权力过多地凌驾于自己之上。所以这是“看不见的手”[①]控制下的平均主义。假设有三名儿童和一个馅饼，一种能确保他们拿到同样多馅饼的方法，就是他们每个人都特别在意平等，认为其他两人拿到的应该和自己一样多。但是还有另一种方法，也是我认为更符合人性的方法，就是每个孩子都小心翼翼保持警惕，确保自己拿到的不会比其他任何人少。

① “看不见的手”是亚当·斯密在《国富论》中提出的概念。在价格机制充分运作的情况下，自由市场里的供给和需求会自然而然达到均衡，仿佛被“看不见的手”控制一样。——译者注

但只有在个人有能力捍卫自身权利、保护自己的地位时，这条策略才管用；不光在分馅饼时如此，在真实世界中也一样。在贝姆笔下的小型社会里，部落成员会通过批评和讥讽把那些他们认为太过骄傲自大的人物拉下马。正如娜塔莉·安吉尔（Natalie Angier）所说："生活在非洲卡拉哈里沙漠的布须曼人（Bushmen）认为，一名成功的猎手可能会因此而变得狂妄自大，所以部落的同伴会通过某种'侮辱猎物'的形式来打击他。同伴可能会说：你让我们过来，就是帮你搬这些小得可怜的尸体？这到底是什么东西，兔子吗？"

除此之外，人们还会在背后说闲话或者公然嘲笑。贝姆引用了一位学者的记录："在哈扎人（Hadza）[①]中……如果一个将来可能当上'酋长'的人试图说服其他哈扎人来为他工作，那么人们就会公然表示，他这番努力只会让他们觉得好笑罢了。"（这正是当年我刚成为助理教授时研究生们对我的态度。）当然也有些惩罚措施更为严厉。如果有谁想成为部落中的独裁者，他很可能会被其他部落成员驱逐出去，等同于被判了死刑；或者他可能会被直接杀死。如果一名巴鲁雅（Baruya）[②]男子试图牵走邻居的家畜或与邻居的妻子上床，那么他就会被人谋杀。如果一名部落领导者"极为好斗，而且拥有强大的魔力"，那么他手下的部落成员就会把他交给另一个部落的"复仇组织"。

也就是说，狩猎-采集者这种平均主义的生活方式，其实来自于人们对社会地位的渴求，对自己和自己所爱之人的关切，还有通过协作来保护自身免受他人支配的意愿。正如贝姆所说："每个人都知道，如果他

① 哈扎人生活在非洲的坦桑尼亚中北部地区，人口总数在1 000人以下，其中300~400人为狩猎-采集者。——译者注

② 巴鲁雅人生活在大洋洲的巴布亚新几内亚，最早由法国当代人类学家莫里斯·戈德利尔（Maurice Godelier）开始记录和研究。——译者注

们不组成一个统一的大型政治联盟，那么他们就会沦落到从属地位……因为组成统一阵线的从属者，可以不断地把他们中间最独断专行的领袖型人物拉下马。因此，平均主义其实是一种异化的政治等级制度：弱者联合起来，有效地支配强者。”

但令人遗憾的是，贝姆描述的这种平均主义结构在绝大多数人类社会中都已消亡。与此同时，人口在不断增长，农业和动物驯化出现，新科技、新发明也让人眼花缭乱。正因如此，弱者的制裁能力变得越来越弱，而掌权者的权力变得愈发强大。如果我们仍然生活在小型的狩猎－采集社会，有一位雄性老大试图控制我们，那么我们尽可以嘲笑他，或者干脆视而不见；我们还可以召开集会、作出裁决；如果我们特别不满意他的所作所为，我们大可以把他暴打一顿，或者干脆杀了他。

但是上述种种情况都已经不再适用于当今社会，因为在当今社会，交流不再如古代一样必须面对面进行。某个独裁者或者一小群精英人士可以为自己囤积严重超过人均份额的资源——不管是物质资源，还是社会资源。一名野心勃勃的狩猎－采集者也许可以召集一帮朋友，拿上石斧和长矛去反抗雄性老大；但现代社会的独裁者们却可以组建军队和秘密警察队伍，还能建造死亡集中营，制造来福枪和五花八门的刑具。

在现代世界，一名富有野心而且为人残暴的领导者，可以在社会地位的驱使之下组建一支核心团队，支配千倍于它的人口。弱者要想集合起来对抗强者，已经不是那么容易的事了（然而，也有人说，分散而且从某种程度上来说匿名的互联网也许能帮助我们扳回一局）。

“最后通牒博弈”对阵“独裁者博弈”

现在让我们把注意力转移到当今社会中的成年人身上来吧。过去数十年来，行为经济学领域的研究者们设计了许多精巧、简单的实验，探究我们的本性究竟有多善良、我们的公平和平均意识究竟有多少。其中就有我们所熟知的“最后通牒博弈”（Ultimatum Game）。

GOOD AND EVIL 实验室

“最后通牒博弈”的规则很简单。参与者走进实验室，被随机分成“提议者”和“回应者”。如果他被选为提议者，那么他就会得到一笔固定数额的金钱，比如 10 美元。他要拿出一部分送给回应者，但是数额多少全凭他个人决定。而回应者只有两个选择，他要么接受这笔钱，要么不接受。现在重点来了：如果提议遭到拒绝，那么两人手上的钱都会被收走，而且提议者在提议之前就知道这条规则。这项实验一般是匿名进行的，而且只进行一个回合——提议者和回应者分别待在不同的房间里，他们都不知道对方是谁，而且再也不会相遇。

假设这两名参与者都完全遵循理性，只关心金钱，那么提议者的提议就应该越少越好，而回应者无论如何都应该接受这笔钱，因为就算只有 1 美元，也远比什么都没有要好。而且如果这次拒绝了的话，将来也不可能得到更好的提议，因为这场博弈只进行一回合而已。但这种情况鲜有发生。提议者一般会拿出一半的钱，或者仅比一半少一点。

我们当然可以认为，提议者的行为正反映了罗宾汉式的均贫富思想：

提议者深信平均分配才是正确的做法。但其实我们也能给出另一个显而易见的解释，那就是提议者的行为不过是出于自私自利，因为他们相信，如果提议太不公平，就一定会遭到拒绝。他们是对的：在实验环境中，回应者确实会拒绝配额较低的提议；他们宁可放弃自己的利益，也要让吝啬的提议者一无所得。

然而拒绝配额较低的提议从某种意义上来说是个错误的决定，因为回应者自己最后也会一无所得。“最后通牒博弈”因此而成为著名的“悖论情境”（paradoxical situation）之一，它就是要让你变得不理性，或者至少让别人觉得你和其他人一样不理性。如果我是个自私的家伙，而且我知道和我进行“最后通牒博弈”的是个没有情感的机器人，那么作为提议者的我就会在提议中把给回应者的配额降到最少，因为我知道无论多少机器人都一定会接受。但如果跟我博弈的是个正常人，我就会开始担心：如果我提出的配额太低，很可能会遭到恶意拒绝。所以我会在提议中适当增加给回应者的配额。

根据行为经济学家丹·艾瑞里[①]的说法，如果让经济系学生进行“最后通牒博弈”，那么这些提议者往往会给出最小配额的提议，而且这条策略很有效，因为和他们博弈的同样也是经济系学生，他们愿意接受最小配额。但当这些理性的提议者和其他非经济学界人士博弈时，他们就只能大跌眼镜了。

回应者拒绝接受配额较小的提议也不失其合理性——如果我们认识到，人类的思维模式并不适应这种只进行一次的匿名式人际互动。在我们的进化之旅中，我们会反复和少数人进行互动，所以我们生来就会对

① 丹·艾瑞里，美国当代心理学和行为经济学家，曾出版两本探讨人类不理性行为的畅销书《怪诞行为学》和《怪诞行为学 2》。——译者注

低配额提议表示抗拒，就好像它后面还跟着一系列不公平提议一样——就算我们在理智上知道这是唯一一次。我们拒绝低配额提议等于是在说“省省吧，哥们”，我们这样做的目的其实是想纠正对方的错误。

如果我们要和同一个人进行许多次博弈，那么我们在第一次博弈时拒绝低配额提议就非常合理了。在背后支持我们的心理活动是我们对提议者的愤怒。你可以清楚地在回应者脸上看到愤怒，他们的面孔会扭曲成轻蔑和厌恶的表情；他们大脑中与愤怒有关的区域会变得活跃。在一项研究中，回应者可以向提出低配额方案的提议者发送匿名信息。最常见的信息包括“你真不该这么贪心。看吧，这下你什么都得不到了”、“老兄，你有点太贪心了吧”、“真是谢谢啊，咱俩啥也拿不到”，以及“你这人烂透了”。

低配额提议到底为何会让人如此不满？哲学家肖恩·尼古拉斯（Shaun Nichols）这样阐释它背后的逻辑：“如果吉姆被告知要和比尔共同分享一笔财产，而吉姆选择无视公平分配原则，只分给比尔1/10配额，那么吉姆能以什么理由自辩？因为这是一笔意外之财，所以吉姆很难声称这是他应得的份额。又因为所有人都熟悉公平分配原则，所以旁人很容易就会认为他把比尔看作自己的从属者。”吉姆在知道这一点后，可能会通过共情来约束自己，不提出低配额方案。他可能会想：“比尔会有何感受？”“如果被人这样羞辱，我会是什么滋味？”这些想法也许能激励他提出公平的分配意见。但是他克制自己的理由也可能出于一片私心：“如果比尔生气了，那么他很可能会实施报复，让我也一无所得。”

但这样一来，“最后通牒博弈”中的个人行为就完全不支持罗宾汉理论了。现在让我们再来看看第二个实验——“独裁者博弈”（Dictator Game）。

GOOD AND EVIL 实验室

“独裁者博弈”最初是由心理学家丹尼尔·卡尼曼(Daniel Kahneman)[①]和他的同事提出的。它和“最后通牒博弈”非常相似，只不过将回应者作出选择的步骤删去了。作为提议者的参与者同样会得到一笔钱，他们可以随心所欲地把任意配额交给一位匿名的陌生人。然后博弈就到此为止——也就是说，他们想给自己留下多少钱，就能留下多少钱。

很明显，一个只关注自身利益的人会选择一毛不拔。但是这并不是人们的普遍做法。迄今为止，研究者们已经就“独裁者博弈”问题发表了100多项研究，证明大多数人确实会给予陌生人一定配额的金钱，而这份“赠礼”平均占到总财产的20%~30%。还有部分研究发现，有些人特别慷慨大方，甚至会给予对方一半财产，或者只比一半少一点。

和“最后通牒博弈”不同，人们在“独裁者博弈”中表现出了明显的慷慨之意，并且不是出于害怕报复的原因。那么我们又该如何解释这些发现？罗宾汉理论当然是一种可能——“独裁者”会出于自身的公平意识，与人分享自己的财产。也就是说，他们会设法把个人立场放到一边，转而采取与自身利益无关的旁观者立场，寻找最优解决方案。又因为“独裁者”没理由比另一个人拿到更多钱，所以他就会在自身公平意识的驱使之下平均分配这笔意外之财（尽管如此，他仍然可能屈服于人性的弱点，给自己多留一点钱）。

但这个解释在某些地方总有点不对劲，我并不是第一个发现这一点

① 丹尼尔·卡尼曼，美国当代心理学和行为经济学家，2002年诺贝尔经济学奖获得者。——译者注

的人。虽然确实有些人相信，基于平均分配原则，最理想的情况是所有资源都得到平均分配。但是一般来说，我们从来不觉得自己有必要把一半资产分给站在我们旁边的那个人。我们之中有不少人十分慷慨，但我们不会对目标不加选择，对任何人都一视同仁。就算我们要分配的是一笔意外之财，这条道理也同样适用。假设你在人行道上捡到 20 美元，你是否会立刻把其中 10 美元送给第二个经过的人，理由是你发现这笔钱纯粹是意外？你很可能不会这样做。

那么，人们在实验室里的表现为什么会如此友善？我们还有另一个解释，那就是社交压力。参与者知道他们在进行一项有关善良和公平的研究。而且实验设计非常典型，甚至可以说是一目了然：参与者的表现会反映出他们的慷慨程度，而最坏的情况就是一文不给。因此，大多数人之所以会拿出一部分金钱赠予他人，很可能是因为没有人想在众目睽睽之下表现得像个混蛋。

曾有一位研究者建议，要想清楚了解“观众效应”，我们不妨想象自己正在国家电视台的直播节目里进行“独裁者博弈”，你的家人和朋友都在电视机前观看。这难道不会让你更加慷慨吗？实验研究发现，人在做选择时受到的关注度越高，表现就越慷慨，这一点也不奇怪。就算研究人员只不过是在墙上或者电脑屏幕上多放几幅眼睛的图片也会让人变得更加慷慨善良，想必是因为这些图画能让人产生“被注视”的感觉。汤姆·莱勒（Tom Lehrer）[①]在他那首关于童子军的歌里很好地表达了这一观念：“注意不要行善 / 在没人看见的时候。”

另外，虽然标准版“独裁者博弈”实验应该保证参与者完全匿名，

---

① 汤姆·莱勒，美国当代著名歌唱家、作曲家、钢琴家和数学家。

但是参与者有可能不相信实验人员能说到做到。他们确实也有理由保持怀疑态度，因为有时候实验人员确实会对他们说谎。另外，就算我们从理智上知道没有人在观察我们，我们也有可能产生“为他人留下良好印象”的行为动机。

你可能会觉得，这些解释都有点吹毛求疵。因为担心他人眼光而故作慷慨，难道会让结果有所不同？我们发现，纯粹的平均主义冲动和想给他人留下良好印象的渴望其实是两种截然不同的心理活动。心理学家用两组实验巧妙地证明了这一点。

GOOD AND EVIL 实验室

在第一组实验中，心理学家贾森·达纳（Jason Dana）和他的同事们对标准版“独裁者博弈”实验稍微进行了一些调整。他们照例在开始时给“独裁者”10 美元，但一部分参与者可以选择进行常规博弈，或者直接拿走 9 美元结束博弈。而且他们还被告知，就算他们选择了第二套方案，接受者也永远不会知道他曾经参加过“独裁者博弈”。

自私之人参加博弈只为金钱，所以一定会选择继续博弈，然后把 10 美元全都留给自己，获得最大收益。慷慨之人也会选择继续博弈，但会把 10 美元分一部分送给接受者。也就是说，无论是自私之人还是慷慨之人，都不会选择拿走 9 美元结束博弈，因为这个选项不单会让他们的收益少于 10 美元（自私的人不愿意），而且也会让别人一无所得（慷慨的人不愿意）。

尽管如此，还是有超过 1/3 人选择拿走 9 美元，很可能是因为他们既想拿到这笔钱，又不想让自己陷入道德窘境，最后不得不舍弃很大一部分财产。我们可以打个比方。假设你走在街上，看到前面有一个乞丐。如果你足够冷血，你会默默地走过去，什么也不做。如果你足够慷慨，你会在经过的时候给他一点钱。但如果你不想让自己产生“必须给钱”的窘迫感，你可能会选择第三套方案：穿过马路走到街对面，这样你就不会经过那个乞丐了。

第二组实验由经济学家约翰·利斯特（John List）设计完成。在博弈开始时，“独裁者”会得到10美元，接受者会得到5美元。和“独裁者博弈”的一般规则一样，“独裁者”可以随心所欲拿出任意数额的金钱送给接受者。在此条件之下，“独裁者”平均会给出1.33美元——这已经算是相当慷慨了。

还有另一组参与者，他们也同样被告知，自己想给多少就可以给多少，而且他们还能从接受者手里拿回1美元。在这种情况下，“独裁者”给出的平均配额降至33美分。第三组参与者也被告知，自己想给多少就可以给多少，而且他们想从接受者手里拿多少就可以拿多少，但以5美元为限。在此情况下，他们平均会拿走2.48美元，而且只有少数几个人会把自己的钱送给接受者。

我们真应该停下来惊叹一番：这真是太奇怪了。如果我们过去对“独裁者博弈”的标准解释是正确的，也就是说，它反映出我们与他人分享财富的内在冲动，那么就算实验者添加了新的条件，比如“独裁者可以拿走接受者的钱”，对实验结果应该也没什么影响才对。但事实并非如此。如果给予他人财产的冲动至少有一部分源于树立良好个人形象的渴望，那么“可以拿走接受者的钱”这个条件就可以让实验结果发生剧变。因为最吝啬的选项已经变了，不再是分文不给，而是拿走接受者的全部财产。参与者可能会想：只有真正的混蛋才会让这人不剩分文，我可不想被人看成混蛋——我只会拿走一小部分。所以综合来看，这些研究都告诉我们：人在“独裁者博弈”中的选择会受到诸多因素影响，但和利他主义、平等主义的关系很小，和“看起来显得”利他、平等的关系很大。

被欲望淹没的“利他主义”

经济学家厄恩斯特·费尔（Ernst Fehr）和他的同事们是第一批探索儿童在经济学博弈中如何行动的人。他们找来一群年龄介于 3～8 岁的瑞士儿童，并把博弈中的金钱换成糖果。在我即将讨论的实验中，被试儿童均被告知，他们的决定将会影响另一个孩子的福利；虽然他们不知道那个孩子具体是谁，但知道他和自己来自同一所幼儿游戏学校、幼儿园或者小学。

费尔等人做的第一个实验是“独裁者博弈”的变体：每个孩子在实验开始时都能得到两颗糖果，他们可以选择自己留下一颗，把另一颗送给别人；或者把两颗糖都留给自己。在此条件下，7 岁和 8 岁的儿童都表现出慷慨之意，差不过有半数儿童都送出了一颗糖果。但是年纪较小的孩子似乎颇为吝啬，只有差不多 20% 的 5 岁和 6 岁儿童送出了一颗糖果；在 3 岁和 4 岁儿童中，这一比例下降至大约 10%。近年来，许多不同国家的研究者也进行了大量儿童版“独裁者博弈”研究，同样发现年幼儿童颇为自私自利。从美国、欧洲、中国、秘鲁、巴西到斐济群岛，研究者发现，与年岁较长的儿童或者成年人相比，年幼儿童更不可能把到手的东西送给陌生人。

有人可能会因此得出结论：年幼儿童在涉及自身利益的问题上，一点也不关心平等。但这么说或许有点不公平。也许年纪最小的孩子也和较年长的孩子一样，拥有同样的平等、友善、公平意识，只不过他们的自我控制能力比较弱，他们不能像较年长的孩子一样克制自己的自利之心。他们的“欲望”淹没了他们“利他主义”。

为了检测这个理论对不对，费尔和他的同事们又开发出了一个新博弈——“亲社会博弈”（Prosocial Game）。“亲社会博弈”能有效避免利他主义和自制能力发生冲突。在“亲社会博弈”实验中，儿童无论如何都能得到一颗糖果，需要他抉择的是，是否也送一颗糖给另外一个人。这样的实验设计能让孩子充分展现利他精神（还有公平和平等主义），同时还不会给自己带来任何损失。

7岁和8岁儿童的表现就和我们预测的一样：大约有80%的儿童选择送出一颗糖果。但在更年幼的孩子中，只有大约一半人这么做了。也就是说，有大约一半的年幼儿童选择不把糖果送给陌生人，就算他们不会蒙受任何损失。还有其他一些研究，探索了儿童对涉及自身利益的公平或不公平分配产生的情感反应。

GOOD AND EVIL 实验室

心理学家瓦妮莎·洛布（Vanessa LoBue）和她的同事们研究了在上学前班的3～5岁儿童。他们使用了亲密化、个人化的研究方法——和我们之前讨论的实验都不一样，实验者不再让儿童和不知名姓的陌生人互动。这一次，实验人员把来自同一班级的两名儿童带到一起，让他们在一个安静的房间里一起搭积木做游戏；5分钟之后，他们需要把积木收起来。然后一名成年人（实验人员）走进房间对他们说，因为他们都帮忙收拾积木，所以他们都会得到小贴纸作为奖励。

实验人员眼睛看着两个孩子（假设他们的名字分别是玛丽和莎莉），每次把一张贴纸递给其中一人，同时嘴里数着："1张贴纸给玛丽，1张贴纸给莎莉。2张贴纸给玛丽，2张贴纸给莎莉。3张贴纸给玛丽。4张贴纸给玛丽。"最后莎莉得到2张贴纸，玛丽却得到4张。然后实验人员会"定格"7秒钟，什么也不做，同时避免和任何人发生眼神接触。在此期间，两名儿童的所有自发反应都被摄影机捕捉下来。之后，实验人员会问他们：这样的分配是否公平？

那些和莎莉一样只得到两张贴纸的儿童通常会说分配不公平；他们看上去很不高兴，而且常常要求得到更多贴纸。至于那些和玛丽一样得到4张贴纸的儿童，如果他们被人问起，一般也会说分配不公，但是他们对这不公平分配的反应跟另一组孩子不一样——他们不会因此而感到烦恼。但是得到较多贴纸的儿童，可能会作出最友善的利他行为——他们在听到另一名儿童的抱怨之后，会拿出自己的一张贴纸递给他，不过这么做的孩子只占到总数的1/10。在此，我们需要特别强调，这些孩子面对的都不是陌生人；坐在他们旁边的不但是他们的同学，而且通常来说是他们的朋友。

儿童对不平等分配相当敏感，但似乎只有当他们自己分得的配额较少时，他们才会感到难过。仅从这方面来看，他们的表现其实和猴子、黑猩猩以及狗没什么分别，因为上述所有动物在自己得到的奖励较少时都会深感烦恼。比如说，曾有研究者把狗两两分成一组。每一只狗都会得到一点奖励。其中一只狗会得到较多食物，另一只狗得到的食物则相对较少。研究者发现，得到较少食物的狗有时候会表现得……这么说吧，很生气——它们甚至会"绝食"——拒绝吃掉到手的美食。

GOOD AND EVIL 实验室

儿童有时也会作出恶意的选择。心理学家彼得·布莱克（Peter Blake）和凯瑟琳·麦考利夫（Katherine McAuliffe）把4~8岁儿童两两分为一组，他们过去从来没有见过面。研究者在他们面前摆上一台特别设计的机器，负责把糖果分到两个托盘上。其中一名儿童可以碰到一根操纵杆，把托盘向自己和另一名儿童的方向移过去（最后每个孩子都会拿到自己跟前那个托盘上的糖果），或者把托盘上的糖果倒掉（最后没人能得到糖果）。

如果两个托盘上的糖果数量相同，那么几乎没有孩子会选择把糖果倒掉。如果他们分得的糖果较多，比如说他们的托盘上有4颗糖，而另一个孩子的托盘上只有1颗，他们也几乎不会选择把糖果倒掉；不过确实也有一部分8岁儿童拒绝接受这样的分配。但是如果分配多寡调转过来，另一个孩子得到较多糖果，那么无论是哪个年龄组的儿童，往往都会选择倒掉两个托盘上的糖果。他们宁愿自己什么都得不到，也不愿意让另一个孩子，特别是一个陌生的孩子，得到更多糖果。

不久之前，我刚刚和卡伦·温，以及耶鲁大学研究生马克·谢斯金（Mark Sheskin）合作进行了一系列实验，发现了更多关于儿童恶劣天性的证据。

GOOD AND EVIL 实验室

我们把一系列选择摆在5~10岁儿童面前，让他们给自己和另一个之前从未谋面的孩子分配代币（之后可以用来兑换玩具)。比如他们需要在下列两套分配方案中进行选择：第一套分配方案是，每个孩子可以得到一枚代币；另一套分配方案是，每个孩子可以得到两枚代币。孩子们的选择非常合情合理。如果我们为他们提供这样两个选项，他们往往会选择第二种——他们会得到更多代币，另一个孩子也同样会得到更多代币。

但我们也发现，孩子在做决策时会受到“社会性比较”的影响。假如有这样两套分配方案：第一套分配方案是，选择者和另一个孩子每人得到一枚代币；另一套分配方案是，选择者得到两枚代币，另一个孩子得到三枚。如果是你的话，你可能会觉得第二个选项比较好，因为这样一来两个孩子都能得到更多代币。这个选项不单对他们自己有利，而且还能凸显出他们的慷慨之情。但是选择“二三分”而不是“一一分”就意味着选择者得到的代币会比另一个少，这会让参与我们实验的孩子们很不高兴，所以他们往往会选择“一一分”，宁愿放弃一枚额外的代币，也不愿意处于相对劣势。

又或者有这样两套分配方案：第一套分配方案是，每个孩子得到两枚代币；另一套分配方案是，选择者得到一枚代币，另一个孩子什么也得不到。对分配双方来说，“二二分”无疑是较好的方案；但是“一零分”的好处在于，选择者得到的代币会多于另一个孩子。实验结果显示，较年长的儿童更喜欢“二二分”，但是5岁和6岁儿童却更喜欢“一零分”；他们宁可自己少得到一枚代币，也要占据相对优势。

这类反应让我想起一个中世纪流传下来的犹太民间传说：有一个特别善妒的人遇到一位天使，天使告诉他，他可以得到任何他想得到的事物，但是他的邻居得到的将会是他的两倍。善妒者想了一会儿，然后请求天使戳瞎他一只眼睛。

有仇必报，复仇的本能

所谓公平，不仅仅是采取最优策略分配积极事物，我们还须决定如何分配消极事物。现在让我们来谈一谈惩罚和复仇——道德的黑暗面。

如果我们所有人都能友善对待他人，那么“惩罚”问题就根本不可能出现。但是正如人类学家罗伯特·阿德里（Robert Ardrey）所言：“我们生来就是站立的猿猴，而非堕入凡尘的天使。”我们中有些人会经受不住诱惑，欺骗甚至杀害他人，会屈服于自私自利的冲动。在此情况之下，其他人要想继续生存下去，就需要让这些人为自己的恶劣行为付出代价。包括哲学家杰西·普林茨（Jesse Prinz）在内的部分学者甚至认为，愤怒之于道德的意义要远远大过共情和同情——我们在上一章中刚刚讨论过这些温和甜蜜的情感。

让我们先来看看复仇吧。这是一种个人形式的惩罚，惩罚的对象是那些曾经以错误的方式伤害过我们，或者我们的家人和朋友的人。复仇拥有某些独特的性质。如果有人杀害了我们所爱的人，我们对谋杀者会产生怎样的情感呢？亚当·斯密这样描述道：“强烈的愤恨不单会让我们认为他必须接受惩罚，而且会让我们感到自己必须亲自动手实施惩罚，因为他给我们带来了深深的伤害。除非伤害我们的人对自己的所作所为深感懊悔，对自己的罪行给我们带来的痛苦深感悲伤，否则，我们的愤恨之情永远无法消除。”

电影《公主新娘》（*The Princess Bride*）中有个名为伊尼戈·蒙托亚（Inigo Montoya）的角色，他一心想向杀父凶手复仇。他就怀有亚当·斯密描述的那种强烈的愤恨。在影片中，蒙托亚把自己的计划告诉黑衣人：他会想方设法接近凶手，然后对他说："你好啊，我的名字是伊尼戈·蒙托亚。你杀了我的父亲。准备受死吧！"杀父凶手必须明确知道自己为何会受到惩罚，同时也要知道惩罚究竟出自谁人之手。然后，也只有在那以后，蒙托亚才能杀了他。（当他最终成功复仇的时候，他感到了无比的满足。）

如果我们思考一下"复仇"和"地位"的联系，我们就能理解上述种种要求的意义。正如哲学家帕梅拉·杰罗姆（Pamela Hieronymi）所说："你过去遭受的错误对待将一直存在于你的生命之中，如果没有道歉、赎罪、报复、惩罚、赔偿、刑罚或其他任何能让人看出其为错误的东西，那么它就将变成一项公开声明。它将会大张旗鼓指出，别人也可以用同样的方式来对待你，你可以接受这般待遇。"杰罗姆的话点名了"道歉"的目的之一——恢复受害者的社会地位。

如果你把我打倒在地，又一句话都不说，那么实际上你就夺走了我的尊严。这时候，一句简单的"我很抱歉"就可以产生令人惊奇的效果，因为你表现出了对我个人的尊重；等于你向我承认，也向其他人承认，没有任何正当理由就对我造成伤害是不能被人接受的。但如果你一句话都不说，那么你表达的意思就很不一样了。如果你不道歉，我很可能会运用报复手段来恢复自己的社会地位。如果你把我打倒在地，那么作为回应我也会把你打翻在地。我要向你证明：我不是个好惹的家伙，不是软蛋。这样，你以后就不大可能会再次伤害我。然而，只有当你知道是谁出于何种原因把你打翻在地时，这条策略才能发挥效用。

在现代西方社会，个人复仇已经远远比不上它在所谓"荣誉文化"（culture of honor）和"犯罪亚文化"（criminal subculture）中的地位。前者例如贝都因（Bedouin）文化，后者例如意大利黑手党和美国西部牛仔文化。如果你生活在上述文化圈里，你就不能依靠外部权威来伸张正义，只能靠个人努力来保护自己，保护自己关心的人。因此，在这些社会中，对暴力伤害进行报复尤为重要；报复行动能威慑他人，让他人不敢再攻击你、虐待你。上述理论也得到不少研究证明。心理学家发现，生活在这些社会的人往往难以接受不敬行为，但愿意原谅复仇行为。

心理学家史蒂芬·平克认为，纵观人类历史，暴力事件的发生频率已经越来越低。原因之一是，这类“荣誉文化”已经逐渐走向消亡。世界很多地方的人都能抑制自己对个人报仇的渴望。从很大程度上来说，“个人复仇”已经被政府强制执行的“第三方惩罚”取代。比如，几个月前我的车窗被人砸破，车上的东西全都不翼而飞，我当然感到异常愤怒，但是我也知道，这个问题的最好解决方法是填一份警方报案记录，找一家可靠的保险公司。如果伊尼戈·蒙托亚生活在我们这个时代，他可能不需要发动军队攻打城堡，只为揪出杀父仇人、伸张正义。警察会代他找出罪犯，而且受牵连而死的人将会少得多。

尽管如此，我们大多数人仍然怀有某种复仇的欲望。这世界上有各种各样不受法律约束的人际交互，比如讨厌的八卦新闻，还有恶毒的电子邮件。这时候，我们就会求助于自己的复仇本能；我们想要让那些不尊重我们的人感受到适度的痛苦。就算我们没有勇气真的以暴力手段进行报复，我们也可以在头脑里幻想一番，这同样也能给我们带来不小的快感。从经典文学作品《哈姆雷特》和《伊利亚特》，到劣质电影如《以眼还眼》（*An Eye for an Eye*）和《猛龙怪客》（*Death Wish*），再到电视连续剧，比如那部恰如其名的美剧《复仇》（*Revenge*），在幻想作品中，“复仇”主题可谓屡见不鲜。

第三方惩罚

由并没有伤害我们的第三方作出惩罚，这与复仇明显不同，其背后的心理机制解释起来也很不一样。我们显然拥有作为第三方对他人施以惩罚的欲望。比如说，最近几年，在中国出现了一种名为“人肉搜索”的现象——人们在互联网上众包合作，搜索犯错之人的身份信息。“犯错者”既包括通奸之徒，也包括不爱国的公民和业余情色演员，等等。人们自任、自视为“道义复仇者”，对那些不幸被人肉的家伙进行人身攻击，或者发动社会攻势，而且常能取得不小成效，迫使他们离开自己居住的城镇或者丢掉工作。你还记得我们之前谈到的玛丽·贝尔事件吗？在她把一只猫关进垃圾桶之后，想想公众的反应何其强烈。还有人们在戴维·卡什事件中的反应——他亲眼看到一名儿童惨遭杀害，但是却袖手旁观。他们的行为激起了公众的强烈道德义愤，他们都曾因此而受到他人的跟踪和威胁。

我们为何拥有惩罚他人的冲动？要想探究其根源，我们不妨求助于另一个由行为经济学家发明的博弈——“公共财产博弈”（the Public Goods Game）。“公共财产博弈”的目的是探究人类可以为顾全大局而作出多大牺牲。它有许多不同版本，下面我将介绍其中一个。在这个“公共财产博弈”中，一共有 4 名玩家，他们彼此互不相识（一般来说，他们会各自坐在隔开的电脑终端前进行博弈）。在博弈开始的时候，每名玩家会拿到 20 美元。博弈会重复进行数回合。在每回合开始的时候，玩家要把一笔钱放到“游戏桌”中央，这笔钱的数额将会翻倍，然后平均分配给每名玩家。每名玩家随后会看到一份简报，得知自己现在有多少钱，以及其他 3 名玩家各有多少钱。

假设你正在进行第一回合的“公共财产博弈”，你可能会遇到下列情况：

◎没人把财产放到游戏桌中央：每名玩家都保有自己的20美元。

◎所有人都交出自己的全部财产：桌上一共有80美元，翻倍之后再平均分成4份，所以每名玩家将得到40美元。

◎你拒不交出财产，其他三人则都交出财产：其他三名玩家各交出自己的20美元，桌上一共有60美元。翻倍之后是120美元，平均分成4份，连你也有份，每个人得到30美元。由于你一开始没有付出，所以此时你一共拥有50美元。

◎你交出财产，其他三人则都拒不交出财产：你的20美元翻倍之后是40美元，平均分成4份，所以每人能得到10美元。除你之外的其他玩家没有付出任何财产，所以此时他们的财产为原来的20美元外加新得到的10美元，一共是30美元。而你只有10美元。

在“公共财产博弈”中，群体最优策略是每个人都交出自己的财产。如果每名玩家都贡献出自己的全部财产，那么在每回合博弈结束的时候，他们的财产总额都会翻倍。但是如果有一个玩家不出钱，那么他得到的钱就会更多。比如说，如果其他玩家都贡献出自己的全部财产，那么对于个人来说，不出钱就是更好的选择——不出钱的话，财产会变成 50 美元，出钱的话，财产只会变成 40 美元。如果其他人都不出钱，那么对于个人来说，不出钱依然是较好的选择——不出钱的话，最后财产数总额不变，仍然是 20 美元，出钱的话，财产就只剩下 10 美元。

上述博弈计算，与日常生活中许多司空见惯的场景完美契合。有时候，人们需要进行许多不愉快而且耗日持久的劳动才能给大家都带来福祉，但是自私之人往往会退缩到他人身后，不付出任何辛劳而尽得回报。比如说，我希望世界上人人都交税，这样我们才能有马路、消防队和警察。但是从自私的角度来说，我最希望看到的还是世界上人人都交税，只有我不用。同样的逻辑也适用于垃圾回收、选举、组织本地街区联谊会，还有服兵役。又比如我在上研究院时遇到的“公寓卫生问题”。当时我们在如何打扫公寓房间的问题上，面临如下选择：

- 无人打扫：公寓很脏，但是没人有义务必须打扫房间。不过我们都挺不高兴。
- 所有人都参与打扫：公寓打扫干净了，我们每个人都分担了一部分清洁工作。这是整体最优策略。
- 我什么也没做，其他人都参与打扫：对我个人来说这是最优策略。公寓打扫干净了，而我什么都不用做。
- 我一个人打扫，其他人什么也不做：公寓打扫干净了，但是我比其他人干的活多很多，我非常不满。

如果我们把“公共财产博弈”放到实验室环境中进行，那么在博弈刚开始的几回合里，人们的表现往往都很不错；但随着博弈的进行，无可避免之事终于发生了：部分参与者会向诱惑屈服，通过拒交财产的手段来获得额外收入。其他人在发现之后也会纷纷“变节”。“变节”的人越来越多，留下的人越发感到自己像个任人宰割的受骗者。虽然博弈场上可能还有些坚定的玩家不断贡献，但是情况越发糟糕，局面再也无法挽回。这就是我在“公寓卫生问题”中碰到的情况，它逐渐演变成为一场霍布斯式（Hobbesian）的“所有人对所有人”的战争。我们生活在脏乱差的合租公寓里，都挺不高兴。

形势看上去非常可怕。但是从人类历史发展来看，我们确实能通过某种方式战胜“变节”和不劳而获的诱惑。否则，诸如战争、大型狩猎活动、共同抚育幼儿等活动就永远不可能发生。

于是，我们又重新回到“惩罚”。如果各国政府不再惩罚逃税者，就会有更多人逃税；如果逃避兵役不再被定为违法，那么就会有更多人逃避兵役。罚款和监禁可以对不劳而获者产生威慑作用，让他们以后不敢再犯。但是从进化的角度来看，呼吁国家制裁的意义实在不大，因为早在国家政府和警察出现之前，我们的祖先就已经形成群落，懂得分工合作。不过，“第三方惩罚”也为不劳而获问题提供了一个解决之道：群体中的每个个体都拥有惩罚他人的内在动机，惩罚以及对惩罚的恐惧则会激励人们作出良好表现。

GOOD AND EVIL 实验室

厄恩斯特·费尔和经济学家西蒙·加特（Simon Gächter）曾利用改良版“公共财产博弈”来探索上述假说是否合理。和一般的“公共财产博弈”一样，参与者也能看到其他人都做了什么（不过博弈是通过电脑进行的，所以他们不知道其他玩家都是谁）。但在这个改良版本中，参与者可以选择交出自己的财产，让另一位玩家的财产减少。假如一名玩家发现有人在上一回合中没有作出任何贡献，那么他就可以拿自己的财产作交换，降低“违法者”在本回合后的财产总额——这就是一种“第三方惩罚”。

最关键的是，这种“第三方惩罚”也是一种利他行为：决定实施惩罚的人必然知道，他必须交出自己的财产才能给大家带来更好的结果（也许会让不劳而获者改邪归正，也许这么做仅仅是为了伸张正义）。受罚者失去的财产会凭空蒸发，不会流到任何一位玩家手中。而施罚者本人也不会继续跟受罚者进行博弈。也就是说，如果受罚者的行为真的由此改善，也不会让施罚者本人受益。

尽管如此，80% 的参与者都至少实施过一次“第三方惩罚”，而且绝大部分受到惩罚的对象都是那些贡献率低于平均水平的人，这就顺利地解决了“变节”问题。不出几个回合，差不多所有人都学会了遵守规矩，和大家一起作出贡献。因此，“利他惩罚”（altruistic punishment）让合作成为可能。

为复仇加上点共情

但是，人类对“利他惩罚”的偏好是否当真是一种进化而来的本能？这一假说给我们带来了新的问题，比如我们很难解释“利他惩罚”行为究竟如何通过自然选择进化而来。就算我们可以通过惩罚手段迫使不劳而获者遵守规矩，让社会变得更好，但是总得有人亲手实施惩罚。如果实施惩罚需要付出代价，就像我们在“公共财产博弈”等实验中设计的那样，那么我们就会再次碰到不劳而获的问题：我们在看到他人的错误行为之后可以不必亲自出手实施惩罚，只需等他人来进行“利他惩罚”，我们坐享其成。换句话说，在惩罚不劳而获者的时候我们可能会成为新的不劳而获者。是什么阻止了我们这样做？就算我们拥有惩罚“新不劳而获者”的动机，我们中间可能还会出现不愿惩罚他们的人，那么我们是否同样拥有惩罚这些人的动机？

或许，“利他惩罚”是通过某种群体选择策略进化而来的。也就是说，拥有施罚者的群体，要比没有施罚者的群体更具生存优势。又或许施罚者之所以拥有进化优势是因为其他人往往更喜欢他们，更愿意和他们接触。但还有另外一种可能："利他惩罚"一开始并不具备进化优势。

哲学家弗朗西斯科·瓜拉（Francesco Guala）就是这一理论的支持者。他通过分析社会学和人类学文献资料，发现"利他惩罚"在小型社会中非常罕见——甚至可能根本不存在。如前所述，让做错事的人（比如不劳而获者）不好过的方法有很多，既有直接的，也有间接的。但是在现实的社会环境中，人们更倾向于选择那些不会给施罚者本人带来损失的惩罚方式。这样的惩罚方式又可以分为两种：其一是，施罚者不必参与当面对质（例如可以在背后散布流言蜚语）；其二是，群体成员一起实施惩罚，不让任何一个单独个体受到攻击。

另外，虽然世界各地的人都会惩罚不劳而获者，但是来自不同社会的人在受到惩罚之后的反应并不相同。比如在瑞士、美国和澳大利亚等国，如果不劳而获者受到惩罚，那么他们往往会改变自己的行为方式，作出良好表现。但在希腊和沙特阿拉伯等社会，如果人们因为不劳而获受到惩罚，他们不会因此而感到羞耻；他们反而会越发气愤，甚至立意复仇。他们会四处寻找那些最有可能参与惩罚的人，然后反过来惩罚他们——这种行为又被称为"反社会惩罚"。你大概可以想见，第二种反应只会让事情变得更加糟糕，最后陷入一片混乱。（我们毫不惊奇地发现，"反社会惩罚"往往发生于某些特定国家，或者用跨文化研究者们的话说，就是那些"公民合作规范意识较弱"的国家。）但这也意味着，"第三方惩罚"不可能是作为不劳而获问题的解决之道而进化出来的。

在我个人看来，"第三方惩罚"背后的心理因素还不仅限于复仇——虽然二者的联系显而易见。也就是说，对于那些曾经伤害我们和我们所爱之人的人，我们进化出了报复的倾向；因为这样做就能阻止他们在以后犯下同样的错误。如果我们把同样的情感扩展到与我们没有直接利害冲突的个体，我们就需要借助“共情”的力量。我们想象自己站在受害者的立场上，我们就像自己受到伤害一样作出激烈回应。也就是说，“第三方惩罚”又可以拆解为“复仇”加“共情”。

这和亚当·斯密的看法非常相似：“当我们看到一个人受到别人的欺侮和伤害时，我们会对受害者的痛苦产生共感。但这共感似乎会让我们产生和他同样的感受，即对冒犯者的憎恨。我们乐于看到他回击自己的仇敌，而且我们自己也摩拳擦掌，随时准备予以协助。”但我认为亚当·斯密有一点没有说对。他认为我们只有感受到受害者的憎恨才能在刺激之下产生惩罚意识。但我认为以残忍手段对待猫咪的人应该受到惩罚，这并不是因为我对猫咪产生共情，相信猫咪想要复仇。所以问题并不在于“受害者想要做些什么”，而在于“如果我或者我关心的人处于受害者的位置，那么我想要做些什么”。

正因为我们对“第三方惩罚”的欲望根植于共情之中，如果我们和受害者以及施害者的关系发生变化，那么我们对“第三方惩罚”的欲望也会相应发生改变。我们倾向于惩罚的对象往往伤害了那些能自然而然激起共情的个体，比如小猫咪、我们关心的人，以及和我们属于同一族群、部落和联盟的人。但如果我们和侵犯者的共情纽带更为紧密，那么我们对“第三方惩罚”的积极性就会显著降低。所以在听说海豹突击队杀死本·拉登之后，几乎没有美国人会认为那群海豹突击队队员应该受到惩罚。

GOOD AND EVIL 实验室

心理学家戴维·皮特拉茨斯基（David Pietraszewski）和塔姆辛·杰曼（Tamsin German）证明，就连幼儿也在一定程度上掌握了“第三方惩罚”之道。他们做了这样一个实验：研究人员告诉4岁儿童，有一个孩子推了另一个孩子一把，还抢走了他的玩具。然后研究人员问，谁会对侵犯者感到气愤？孩子们纷纷表示，受害者本人很可能感到气愤；而且他们还知道，与受害者的同学相比，受害者的朋友更有可能感到气愤。

“第三方惩罚”来源于我们的复仇欲望，这一理论也能解释我们某些惩罚性情感（punitive sentiment）的奇怪之处。其中最值得注意也最令人惊奇的是，人们往往对惩罚的实际效果并不在意。有研究者给被试出了这样一道题：假设有一家公司，它生产的疫苗和避孕药给消费者造成了很大伤害，那么我们该如何惩罚它？研究者告诉部分被试，高额罚款会促使公司努力生产更安全的产品——也就是说，这项惩罚措施将会提升未来的产品质量。另一部分被试则被告知，高额罚款很可能会迫使公司停止生产此类产品，而市场上又没有性能优良的替代产品，所以这项惩罚措施将会导致问题更加严重。大多数人都毫不关心罚款可能产生的负面效果，无论在哪种情况下，他们都希望公司支付巨额罚款。换句话说，人们更在意的是惩罚措施应该给受罚者带来伤害，而不是惩罚措施应当让世界变得更美好。复仇心理在此起到了一定作用，用亚当·斯密的话说：“他必须因此悔悟，对自己的行为感到懊悔。”

我们对惩罚的后果极不敏感，这其实也是人类对一切欲望的普遍态度。而且与欲望有关的心理活动已经和它的起源大相径庭。比如性欲之所以存在，是因为它能帮我们制造婴儿、繁衍后代；但是性欲背后的心理活动已经和我们对婴儿的兴趣完全脱节。又比如饥饿感之所以存在，是因为它能让我们进食维生，但生存问题通常不是我们吃东西的原因。惩罚的欲望也与之类似——我们想要实施惩罚，但我们不会考虑惩罚的目的。有人已经漂亮地指出了这一点。没错，正是亚当·斯密:“所有人，即便是最愚蠢、最缺乏思考能力的人，也会憎恶那些欺诈虚伪、背信弃义和偏斜不公的人，乐于见到他们遭受惩罚。至于公正对社会存在的必要性，则很少有人留意，无论这必要性是何等明显。”

儿童的惩罚本能

现在，大多数婴幼儿的生活环境都迥异于“荣誉文化”。而且他们身边通常都有一位利维坦式的权威人物，比如父母、保姆或者教师，来帮助他们解决冲突,实施惩罚。但到了童年时代中后期,情况就会发生改变。这时孩子们常会发现，打小报告不再受人欢迎，人们期望他们能自己面对挑战，不再求助于人。因此很多初中和高中校园就变得有点像美国西部社会。但是对于两岁幼童来说，如果有人打了他们一巴掌，他们完全可以选择大声哭泣、逃跑或者向成年人求助；我们不会要求两岁幼童为自己报仇。

但是这并不意味着儿童就没有复仇的渴望，毕竟他们很难算是和平主义者。年幼儿童尤其具有攻击性。如果你统计一下人一生中的暴力频率，就会发现暴力频率在幼儿两岁时达到顶峰。“可怕的两岁幼童”之所以没能完全摧毁我们和家庭，是因为两岁幼童还不够强壮，他们的双手还没有足够力量致人死命，而且他们也不会使用致命武器。如果两岁幼童拥有了成年人的力量和能力，那就太可怕了。

儿童的道德本能固然会反映在他们的暴力行为上，但有时候也会以较温和的方式表现出来。比如儿童会打小报告。如果他们看到有人做错了事，他们往往会向某位权威人士提出控诉，而且这一行为甚至不需要受到他人鼓动。在一项研究中，研究者让两岁和三岁儿童与一只玩偶一起做游戏。当玩偶不遵守游戏规则时，儿童会自发向成年人提出控诉。还有一项研究专门调查了年龄介于 2～6 岁的兄弟姐妹。研究者发现，儿童如果跟父母提到自己的兄弟姐妹，他们大部分时候都是在打小报告，而且小报告的内容往往十分准确。也就是说，虽然他们确实会出卖自己的兄弟姐妹，但是他们不会凭空捏造。

喜欢互相打小报告的还不只有兄弟姐妹。心理学家戈登·英格拉姆（Gordon Ingram）和杰西·贝林（Jesse Bering）来到爱尔兰贝尔法斯特市中心的一所学校，专门研究儿童打小报告的现象。他们总结说："绝大多数儿童谈论的都是同伴的违规行为。"他们还注意到，儿童很少会向老师提及别人曾经干过什么好事。和之前介绍的兄弟姐妹研究一样，在这项研究中，大部分小报告的内容也十分真实准确。撒谎的往往并不是打小报告的人，而是被打小报告的孩子，他们常常拒绝承认过错。儿童也不会为不引人注意的事情打小报告：一项研究发现，三岁儿童在看到有人破坏他人的艺术作品时会打小报告；但如果没人关心那件惨遭破坏的艺术作品，他们就不会打小报告。

打小报告会给儿童带来满足感。其中一个原因当然是为了向成年人证明自己是个道德主体，是个懂得判断对错、有责任感的个体。但是我敢打赌，就算儿童只能匿名打小报告，他们也仍然会这么做。他们就和那些自愿加盟"人肉搜索"的陌生人一样，出手只为能伸张正义。儿童对打小报告的热爱，也显示了他们对报复的渴望，他们乐于看到做错事的人（特别是那些伤害了他们或者他们朋友的人）受到惩罚。而打小报告这种方式也能让他们省却复仇的潜在成本。

但是我们还不知道儿童是否在惩罚上也拥有追求公平的渴望。为了弄清楚这一点，我希望我们能做这样一个实验：用我们的常规方法向婴儿介绍一个“好人”和一个“坏人”（比如让一个角色帮助某人爬上山坡，让另一个角色挡住此人去路）。然后让“好人”和“坏人”分别登台面向婴儿。再在婴儿手边安排一个大红按钮，慢慢教导婴儿如何按压按钮。一旦婴儿触动按钮，台上的角色就会像遭到电击一样因痛苦而厉声尖叫、身形扭曲。那么婴儿将会作何反应？他们在听到“好人”尖叫的时候，会不会把手缩回去？如果按钮特别难按，情况又会如何？婴儿会不会使出浑身力量，小脸憋得通红，只为能伸张正义而对“坏人”施予惩罚？

但我想我们可能永远也不会进行这项研究，因为我的同事们要比我讲究得多，他们担心这样的实验会造成许多伦理问题。不过我们通过其他实验，发现婴儿可能真的拥有惩罚的本能。

GOOD AND EVIL 实验室

在一项与基莉·哈姆林、卡伦·温和尼哈·马哈詹（Neha Mahajan）合作进行的研究中，我们修改了本书第1章中描述的好人/坏人实验。我们设置的一个场景是，一只玩偶想打开盒子，但经过百般努力仍未成功，第二只玩偶过来帮它打开盒盖，第三只玩偶则把盒盖猛然关上。还有一个场景是，一只玩偶把球传给第二只玩偶，第二只玩偶又把球传了回来；它又把球传给第三只玩偶，但是第三只玩偶带着球跑走了。这一次，我们想了解的问题已不再是婴儿更想亲近哪只玩偶，而是21个月大的婴儿更想奖励哪只玩偶（发放奖品），更想惩罚哪只玩偶（拿走奖品）。实验结果和我们预测的一样。我们发现，如果实验人员让婴儿发放奖品，他们就会选择“好人”；如果实验人员让他们拿走奖品，他们就会选择“坏人”。

但是这项研究还有一个遗留问题，那就是它的奖励/惩罚模式已经设定好了，儿童只能被迫作出选择，选出一只玩偶接受奖励，再选择一只玩偶接受惩罚。所以我们还没有搞清楚，幼儿自己是否拥有奖励好人、惩罚坏人的欲望，他们又是否认为奖励好人、惩罚坏人才是正确的做法。而且实施奖励和惩罚对人的生理条件有一定要求，所以我们只能用幼儿来代替婴儿进行实验。但是，幼儿可能已经通过观察他人习得了某些奖励和惩罚行为。

那么婴儿在生命早期对奖励和惩罚究竟作何理解？于是我们决定观察5个月大和8个月大的婴儿，让他们观看他人接受奖励和惩罚，以此来研究他们的反应。他们是否更喜欢那些奖励好人的人，而不是惩罚好人的人？他们是否更喜欢那些惩罚坏人的人，而不是奖励坏人的人？至少在成年人看来，在这两组行为之中，各有一个是公正的，一个是不公的。

GOOD AND EVIL 实验室

我们的实验是这样设计的：首先向婴儿演示那个开盒子的场景——一只玩偶过来帮忙打开盒子，另一只玩偶则把盒盖猛然关上。然后我们拿“好人“或“坏人”充当下一场景的主角。这一次，主角分别向另外两个角色传球：其中一个把球传了回来（友善），另一个则带着球跑掉了（不友善）。我们想看看在第二个场景中婴儿更喜欢哪个新角色——究竟是那个对“好人”友善的角色，还是那个对“好人”不友善的角色？是那个对“坏人”友善的角色，还是那个对“坏人”不友善的角色？

在看到两个角色与“好人”（它在前一场景中曾帮忙打开盒子）互动时，婴儿更喜欢伸手去够那个对“好人”友善的角色，而不是对“好人”不友善的角色——也许因为婴儿本来就更喜欢对人友善的角色。不但如此，5个月大的婴儿也更喜欢伸手去够那个对“坏人”友善的角色，而不是对“坏人”不友善的角色。因此，我们至少可以提出两点可能：较年幼的婴儿要么是记不住一连串相关事件，要么就是更喜欢待人友善的角色，不管它交往的究竟是“好人”还是“坏人”。

但是8个月大的婴儿思想就要复杂得多：他们更喜欢对“坏人”不友善的角色，而不是对“坏人”友善的角色。也就是说，在婴儿成长到5个月后，从某个时候开始，他们就喜欢上了惩罚者的角色——当惩罚很公正时。

人之为人在于人有理性

到目前为止，我们讨论的核心内容都是人类拥有的判断能力和感受能力。虽然在生命刚开始的几个月里，这些能力可能还未表现出来，但它们都是人类生来就具备的本能，是自然进化史给我们留下的遗产，而不是文化的发明创造。

我将这些能力笼统地称为“道德”，因为它们与成人所谓“道德”的东西有着难以小觑的相似性——它们的刺激源都是能影响他人福祉的人类行为，它们也都与“公平”等概念有关，它们都与共情和愤怒等情绪有关，它们也与奖励和惩罚行为有关。另外，一旦幼儿学会开口说话，而且懂得了足够多的词汇，他们就会用一些在成年人看来带有明确道德意味的词语来阐述自己的判断，比如“友善”、“不友善”、“公平”和“不公平”。婴儿早年通过注视时间和伸手够物表现出来的个人偏好，又以“道德话语”（moral discourse）的形式在幼儿身上表现出来。

然而，与成年人相比，婴儿的道德生活非常有限。心理学家劳伦斯·科尔伯格（Lawrence Kohlberg）大约在50年前就认识到了这一点，并因此提出了影响深远的道德发展理论。他认为，年幼儿童在思考道德问题时，首先会从比较简单直接的切入点开始考虑，比如行为对于自己的意义（所谓善行，就是能给我带来愉悦的行为），然后才会考虑到权威人士（所谓善行，就是父母认可的行为）。随着他们逐渐成长，他们思考道德问题的方式也变得越来越复杂。最后，道德终于转化成为一系列的抽象规范原则。到了这时候，他们头脑中的道德模型就与道德哲学家们建立的逻辑体系非常相似了。在道德体系发展完善之后，人就对善恶对错形成了某种稳定而概括的看法。

但是在当代心理学界，几乎没有学者会完全认同科尔伯格的看法。我们在前三章中论及的研究已经证明，科尔伯格大大低估了儿童道德思维的复杂程度，同样也低估了成年人道德思维的复杂程度。几乎没有人是纯粹的康德主义者（Kantians）、功利主义者（utilitarian）或者美德伦理主义者（virtue ethicist）。我们的道德体系更像是心理学家戴维·皮萨罗（David Pizarro）口中那“由杂乱无章的直觉、经验法则和情绪反应构成”的“道德大杂烩”（hodgepodge morality）。

但是科尔伯格有一点说对了：成年人的理性思考会影响他们的道德判断。这一点将人类和黑猩猩区分开来，也将成年人和婴儿区分开来。其他生物仅仅拥有“情感”，而我们不但拥有情感，还拥有“理性”。如果进化赋予我们的情感已经足够用来判断对错，那么理性就不会这样重要了。如果我们的心灵纯洁无比，那么我们就不需要智慧了。然而不幸的是，进化赋予我们的思维方式可能既狭隘又偏执，而且有时候简直不可理喻——这就是我们接下来将要讨论的内容。

JUST BABIES

第4章

世界上有两种人——“我们”和“他们”

|人类的种族偏好|

THE ORIGINS OF GOOD AND EVIL

第4章

世界上有两种人——“我们”和“他们”

有些人对于我们来说就是全世界，有些人对于我们来说则轻如鸿毛。正如美国女诗人埃米莉·狄更生所写：“灵魂选择自己的伴侣/随即把门扉紧闭。”我们将在本章中看到，区别对待他人是我们人类的本能，甚至就连婴儿也会对他人加以区分。

但是我们也可以反抗自己狭隘的偏见。我们不妨来看看那个关于“仁慈的撒玛利亚人”的著名故事。故事是这样开始的：有一位律法师询问基督，他要做什么才能获得永生。基督问他：律法上写的是什么？律法师回答说：我们应该爱上帝，我们还应该“像爱自己一样爱我们的邻居”。基督说：这就对了。但是律法师继续问道：“那么谁是我的邻居？”于是基督给他讲了这样一个寓言：

> 有一个人从耶路撒冷到耶利哥去，落在强盗手里。他们剥光了他的衣服，把他打得遍体鳞伤，然后丢下他一个人等死。碰巧有一个祭司从这条路下来，看见他就从旁边绕过去了。后来又有一个利未人来到这地方，看见他也从旁边走过去了。唯有一个撒玛利亚人行路经过这里，看到他就动了同情之心。撒玛利亚人走上前去，为他包裹伤口，又拿出油和酒来喂他，让他骑上自己的

坐骑，把他带去旅店照应。

然后基督问律法师，在那三人之中，谁是受害者的邻居？律法师回答道："是怜悯他的那个。"基督于是说道："你就照这样做吧。"

这则故事的道德含义不难理解。当时，犹太人看不起撒玛利亚人，律法师很可能不愿意说出答案"撒玛利亚人"——他无法容忍自己说出这个名字。所以这则故事就是劝导我们，不要太看重传统意义上的种族界限。正如哲学家和法学家杰里米·沃尔德伦（Jeremy Waldron）所说："不要在意种族、社群，或者其他对'邻人'的传统分类。"这则故事想要告诫世人的是，那个存在于当时当地的陌生人就是你的邻居，因此值得被爱。

可以说这个立场颇为激进。在人类历史的绝大部分时间里，甚至在当代社会，我们往往只对已经熟识的邻居怀有道德责任感。地理学家和作家贾雷德·戴蒙德（Jared Diamond）在研究巴布亚新几内亚的小型社会时注意到："如果人要走出自己的领地去见另一个人，即使他们只隔了几英里远，这一行为也无异于自杀。"很多人都知道，人类学家玛格丽特·米德（Margaret Mead）对小型社会的生活方式充满了浪漫的幻想，认为他们在道德的许多方面上都要远远优于当代社会之人。但她在谈到他们对陌生人的态度时，立场就不那么坚定了："大多数原始部落成员都觉得，如果他们在丛林中偶然遇到来自敌对部落的'亚人类'，那么最恰当的做法就是把他乱棍打死。"

但也许其中有些狠话只是夸夸其谈。不管你怀有何种道德情感，谋杀他人都是一项危险的行动。你可能会失败，自己反而死于他人之手；又或者你可能一时取得成功，但之后不得不想方设法对付决意复仇的死者亲友和部落同伴。虽然付诸暴力太过极端，但我们在遇到陌生人时的正常反应也绝不是仁慈友爱。陌生人会激起我们的恐惧、厌恶，甚至是仇恨。

从这个意义上来说，我们和其他灵长类动物其实没什么分别。简·古道尔（Jane Goodall）在《贡贝黑猩猩》（*The Chimpanzees of Gombe*）中描述了一群雄性黑猩猩在遇到一小群来自另一群体的黑猩猩时的反应：如果其中有婴儿，它们很可能会杀而食之；如果其中有雌性黑猩猩，它们会试图与之交配；如果其中有雄性，它们往往会聚众殴击，硬生生撕扯它的皮肉，咬掉它的脚趾和睾丸，然后把它扔下等死。

但我们和黑猩猩还是有些不同的。比如我常常会搭飞机前往陌生的城市，但是我很难想象我在机场遇到的陌生人会跳到我身上，试图咬掉我的脚趾和睾丸。事实上，就算是那些难得见到旅行者的社会也往往有一套复杂的待客之道，讲究礼貌周到地对待来访者。所以，一条合理的道德心理学理论不仅需要能解释我们为何会反感陌生人，而且还应该能解释我们为何有时候可以克服它。

种族偏好源自适应偏好?

婴儿几乎从一出生开始，就懂得分辨熟悉的人和陌生人。刚出生的婴儿更喜欢注视自己母亲的脸，而不是陌生人的脸；他们更喜欢自己母亲的气味，也更喜欢自己母亲的声音。最后这一条的发现经过尤其有趣，研究者使用了一种极富创造性的实验方法。

GOOD AND EVIL 实验室

研究者把婴儿放在摇篮里，给他们套上头戴式耳机，然后往他们嘴里塞上一个奶嘴，通过测量吮吸结束到下一次吮吸开始之间的时间间隔，来计算婴儿吮吸奶嘴的平均速率。婴儿会通过耳机，听到自己母亲或另一名陌生女性朗诵苏斯博士（Dr. Seuss）的《桑树街见闻》（*And to Think That I Saw It on Mulberry Street*）。婴儿可以通过吮吸的动作来选择听谁朗诵——婴儿被随机分成"快"、"慢"两组，"快"组在吮吸间隔小于自己的平均值时会听到母亲的声音，"慢"组在吮吸间隔大于自己的平均值时才会听到母亲的声音。出生不到三天的婴儿已经能掌握其中奥妙，他们懂得控制吮吸时间来选择自己想听的声音。实验结果表明，他们更想听到自己母亲的声音。

婴儿不可能在出生之前就知道自己母亲的长相、气味和声音，所以婴儿在这些方面的偏好性一定是后天习得的：婴儿看到这位女性照顾自己，闻到她的气味，听到她的声音，他们也就更喜欢这位女性。

婴儿不只喜欢熟悉的人，而且还喜欢熟悉的类型。我们可以借助"注视时间"实验法来一探究竟。我之前曾经介绍过，婴儿如果看到令他们感到惊讶的事物就会注视更长时间，这一点和成年人一样。另外，婴儿如果看到他们喜欢的东西，注视时间也会更长，这一点依然和成年人一样。所以我们可以通过测量"注视时间"来探究婴儿的喜好。我们发现，由女性照料的婴儿，注视女性的时间会更长；由男性照料的婴儿，注视男性的时间会更长。高加索婴儿更喜欢看高加索人的脸，而不是非洲人或中国人的脸；黑人婴儿更喜欢看黑人的脸，而不是高加索人的脸；中国婴儿更喜欢看中国人的脸，而不是高加索人或者非洲人的脸。

如果成年人表现出这样的偏好性，你可能会觉得，这说明他们更喜欢本族裔的同胞。但是婴儿却不尽然。他们不那么经常照镜子；就算他们照镜子，他们也不会明白自己看到的究竟是什么。但是婴儿会因为自己周围的人而发展出特定的偏好。同理，在种族多元化环境中成长的婴儿，比如生活在以色列的黑人婴儿，则不会表现出种族上的偏好性。

上述发现似乎都支持了这样一条简单的种族主义发展起源理论：婴儿更喜欢自己熟悉的事物，而这是一种适应偏好（adaptive bias），他们很快会发展出某种倾向性——更喜欢那些看起来跟熟人相似的人，而对那些看起来跟熟人不相似的人则保持防范态度。而且婴儿通常来说都是被跟自己外表相似之人抚养长大的，所以白人婴儿更喜欢白人，黑人婴儿更喜欢黑人。因此，我们可以用儿童的心理发育来解释种族主义观点的形成：儿童知道世界上存在某些不同群体；至于群体差异和差异产生的原因，他们则得到了或科学、或宗教、或习俗上的解释；他们也受到文化的熏陶，了解自己应当畏惧谁、尊敬谁、嫉恨谁……但是种族主义的种子从一开始就已经种下：婴儿仅仅是更喜欢他们熟悉的人。

我过去就是这样认为的，但是我现在已经不这么看了。我认为，我们已经拥有足够证据可以提出一条更好的理论，更确切地解释种族倾向性的起源。这条新理论也得到了实验研究的支持，被试中既有成年人，也有年幼儿童。

种族偏好成因的几大猜想

首先让我们来看看成年人。实验研究发现，当我们成年人遇到陌生人时，我们会自动记录三类信息：年龄、性别和种族。这与我们的日常生活经验完全相符。在你初遇某人之后，你可能会很快忘掉所有细节；但是你很可能记得刚才与你说话的是幼儿还是成年人，是男人还是女人，是和你同一种族的人还是和你不同种族的人。

心理学家罗伯特·库尔茨班（Robert Kurzban）、约翰·托比（John Tooby）和勒达·科斯米德斯（Leda Cosmides）在一篇影响颇广的论文中指出，这种“三元判别法”有些奇异之处。我们看重性别和年龄，这一点很好理解——我们的祖先需要了解男人和女人的不同之处，以及3岁幼儿和27岁成年人的巨大区别，才能与对方进行适当的社交互动，比如生育、养育和打仗。但是我们对“种族”元素的关注却似乎毫无来由。我们现在用来划分“种族”的是生理特征，而生理特征之所以不同，是因为我们的祖先生活在不同地方。鉴于我们的祖先几乎只能靠双腿迁移，所以他们可能终其一生都遇不到一位现在被我们称为“异族”之人。

库尔茨班和他的同事们因此总结道，我们对种族的关注不可能通过自然选择进化而来。他们认为，只有在论及“结盟”的时候，种族问题才变得重要起来。人类和其他灵长类动物一样，也过群居生活，而群落之间常会发生冲突，有时甚至可能演变为暴力事件。所以，如果我们能在冲突发生之前就认识到谁是盟友，懂得把世界划分为“我们”和“他们”，那么就一定大有帮助。在某些社会，人们发现皮肤颜色和某些其他身体特征可以用作判断依据，分辨某人究竟属于哪个群体。只有在这时候，“种族”才变得重要起来。

我们知道，参加体育竞赛的不同运动队会穿上不同颜色的队服。我们的祖先对种族的看法，其实与此没什么两样：我们并非生来就对队服的颜色感兴趣，它们之所以至关重要，完全是因为它们传达出了特定的信息。在美国波士顿长大的孩子会把波士顿红袜队的队服与“我们”挂钩，把纽约扬基队的队服与“他们”挂钩；种族偏见的发展过程，其实与之十分相似。

除此之外，也许还有别的原因让种族问题显得特别重要。比如我们的古人类祖先可能会反复遇到其他古人类。如果真是这样的话，我们也很可能会进化出某种识别机制，以分辨不同的古人类物种；我们还可能会利用同样的思维模式，来区分与我们同属于一个物种的不同人类群体。这也许能解释我们对“生理种族”的倾向性：我们错误地把本物种内的不同人类群体当作不同的物种，而非不同的联盟。又或者，我们对人类种族的看法，其实是某个普遍存在的认知偏好的副产物。这个认知偏好就是，我们天生更喜欢熟悉的事物——有时也被称为“纯粹接触效应”（mere exposure effect）[①]。纯粹接触效应普遍适用于各种各样的人类行为。就算我们看到的不过是任意波形曲线，如果我们以前曾经看到过它，我们也会更喜欢它。我们已经知道，婴儿更喜欢注视自己熟悉的人，还有自己熟悉的类型。这也许就是我们在心理发展过程中一直表现出来的同种族偏好性的起源。

我们对种族的重视还可能是另一进化机制的副产物：我们需要分辨某人是不是我们的亲人。亲属关系一向都十分重要；根据达尔文的理论，我们显然更喜欢那些长得像我们自己的人，因为他们很可能跟我们拥有更多同样的基因。也就是说，种族偏好性体现的可能不是“结盟”意识，而是亲属关系意识。

虽然上述种种因素都有可能是种族偏好的成因，但是“种族是结盟线索”的理论仍然最有说服力。库尔茨班和他的同事们为了验证这条假

① 即仅仅是反复见到某人，就能增加我们对此人的喜爱和信任。——译者注

说，使用了所谓“记忆混淆”法。

GOOD AND EVIL 实验室

研究者让人们观看一系列照片，每张照片中都有一张不同的面孔。研究者还告知参与者，照片里的每个人都说了一句不同的话，然后研究者让参与者回忆谁说了什么话。如果照片数量足够多，那么参与者几乎不可避免地会把人物搞混，而他们犯的错误则揭示出我们内在更看重何种特质。如果我们从一位年轻亚裔女性那里听来一句话，但之后又忘记这话究竟是谁说的，那么我们很可能会将之归功于某位年轻亚裔女性（或者某位年轻人、某位女性、某位亚洲人），而不是某位老年西班牙裔男性。喜欢看电影的人有可能会把劳伦斯·菲什伯恩（Laurence Fishburne）跟塞缪尔·杰克逊（Samuel Jackson）搞混，但不太可能会把他和林赛·罗韩（Lindsay Lohan）搞混[①]。

库尔茨班等人在进行“记忆混淆”研究时，使用的照片中既有黑人，也有白人。不过他们后来又做了个特别巧妙的实验：把黑人和白人随机分为两组（每组照片里的黑人和白人数目相等），然后让这两组人分别穿上颜色不同的篮球队服。

研究者发现，实验参与者仍然会基于种族误判类似“我需要做一下伸展运动”或者“我只想出去玩”之类的语句；但现在他们更倾向于根据球衣颜色作出判断，而非皮肤颜色。在现实生活中来看，体育迷们往往更在意某位运动员属于哪支球队，而非这位运动员的皮肤颜色是什么——至少他们在观看比赛时是这样想的。

① 三人都是美国当代著名演员。前两位为中老年男性黑人演员，最后一位为青年女性白人演员。——译者注

上述关于种族问题的解释，与心理学家费利西娅·普拉图（Felicia Pratto）和吉姆·斯达纽斯（Jim Sidanius）的观点互为印证。他们认为，等级社会的基础在于三种因素：年龄、性别和第三种变量——有时候是种族，有时候也可能是宗教、民族、宗族或其他社会因素。

儿童的语言偏好

近年来，学者对年幼儿童也进行了许多研究，同样验证了“结盟”理论。如果“结盟”确实是最重要的因素，那么儿童就应该不会太关注皮肤颜色或其他生理特征，他们的注意力应该放到某种人类独有的才能“语言”上来。这是因为，语言变化的速度要远远超过生理特征的改变——一旦两个群体分离开来，无论时间长短，他们都会说起两种不同的方言。所以说，语言是“结盟”和族群身份的最重要标志。

语言和“结盟”之间的关系在《圣经·旧约》中也表露无遗。虽然“shibboleth”（音：示波列）一词现在的含义极为宽泛，可以用来表示某阶级或者某族群特有的习俗或信仰，但它本来是一个专门的“考验用词”，用于检验某人究竟是属于“我们”还是“他们”。《圣经·旧约》提到，基列人击败了以法莲支派，夺取了约旦河的渡口，不让以法莲人过河回到本土。为了不让任何一个以法莲人溜过检查哨渡河逃走，基列人要求每个想要过河的人说“shibboleth”。因为以法莲语言中没有“sh”的音，所以他们会说成“sibboleth”（音：西波列），于是基列人就知道要将他拿下，杀死在约旦河口。第二次世界大战时，美国人在太平洋战场上也使用了类似的伎俩。美军哨兵如果看到陌生士兵靠近哨所，就会冲他们喊话，让他们重复“Lollapalooza”（音：洛拉帕罗扎）一词。很多日本人都发不出“l”的音，所以他们回话时喊出的词完全不一样，于是哨兵就知道要开枪了。

年幼的婴儿能听出周围人所说的语言。与其他语言相比，他们往往更喜欢自己周围人所说的语言——就算说话的是个陌生人。研究者继续使用前文提过的“吮吸选择法”，让婴儿通过吮吸奶嘴的快慢选择自己更喜欢的语言。研究发现，俄罗斯婴儿更想听俄罗斯语，法国婴儿更想听法语，美国婴儿更想听英语，以此类推。婴儿在出生几分钟后就能表现出语言倾向性。这也就意味着，当他们还在母亲子宫里时，就逐渐熟悉了他们听到的声音。

GOOD AND EVIL **实验室**

心理学家凯瑟琳·金茨勒（Katherine Kinzler）和她的同事更关心语言倾向性对婴儿社交生活的影响。他们在一项实验中测试了10个月大的婴儿，他们分别来自美国波士顿和法国巴黎。他们会听一个说英语的人和一个说法语的人讲话，然后每位讲话者拿出一个玩具。波士顿婴儿往往会伸手去够说英语人士手中的玩具，而巴黎婴儿往往会去够说法语人士手中的玩具。

还有其他研究发现，12个月大的婴儿更喜欢从说他们自己语言的陌生人那里获取食物，而不愿理会那些说其他语言的陌生人；两岁大的婴儿更喜欢送礼物给说他们自己语言的人；5岁大的儿童更喜欢和说一样语言的孩子交朋友。

儿童的选择很有道理，毕竟我们比较容易和说相同语言的人做朋友。另外，在其他条件完全一样的情况下，说同样语言的人更有可能对玩具和食物拥有类似的喜好。更有意思的是，我们发现“口音”也会对婴儿的语言偏好产生影响。婴儿更愿意注视说话不带外地口音的人，就算说话者的外地口音完全无碍于语言理解。5 岁大的美国儿童更喜欢跟说美式英语的孩子做朋友，而不是说话带法国口音的孩子；4 岁和 5 岁幼儿在听人介绍某个新物件的功能时更愿意相信本地人的话，而不是带外地口音的人。也就是说，让儿童作出偏好选择的内在驱动力是通过本地语言传达的某种文化认同——正如“结盟”理论预测的那样。

儿童的种族偏好

学者对儿童种族偏好的发展问题进行了大量的实验研究。第一例实验发生于 20 世纪 30 年代。一位成年研究者向儿童展示了一对玩具娃娃，一个玩具娃娃的皮肤是白色的，另一个的皮肤是棕黑色的。然后研究者问他们：“你想跟谁玩？”“谁看起来比较坏？”“哪种颜色更好？”到了 20 世纪 70 年代，研究者对上述实验进行了扩展。研究者给儿童展示了一张白人男孩和黑人男孩的合影照片，然后对他们说：“这张照片里有两个男孩，其中一个是好孩子。有一次，这个好孩子看到一只猫咪掉到湖里，他立马把它救了上来，猫咪才没有溺水。这里面哪一位是好孩子？”

也许我们不会对第二项实验的结果感到意外：白人孩子往往认为白人男孩好，黑人男孩坏。但让很多人大感惊异的是第一项研究的结果。研究由心理学家肯尼斯·克拉克（Kenneth Clark）和玛米·克拉克（Mamie Clark）共同进行，他们发现，不单白人儿童更喜欢白人儿童，就连黑人孩子也更喜欢白人儿童。著名的“布朗诉教育局案”（Brown v. Board of

Education)[①]在结案说明里就引用了这项研究成果，结束了美国公立学校的种族隔离制度。这也许是美国历史上最重要的发展心理学研究发现。

但这类研究也不乏批评者，如心理学家弗朗西斯·阿布德（Frances Aboud）指出，这些研究对参与者的要求十分荒谬：儿童被迫作出选择，而且选项只存在一个变量——种族。儿童只有两个选择：要么选自己的种族（于是就成为了种族主义者），要么选另一个种族（于是就成为了另一类种族主义者，这同样也不合适）。儿童完全没有机会选择退出，说种族与好坏完全无关。但是心理学家也设计了许多更为精巧的实验，证明儿童至少在6岁时就已经形成了自己的种族偏好。

GOOD AND EVIL 实验室

心理学家海蒂·麦克格洛思琳（Heidi McGlothlin）和梅拉妮·基伦（Melanie Killen）做了这么一个实验：她们向年龄介于6~9岁的儿童展示了一系列情景不明确的照片。例如在一张关于游乐场的照片里，一名儿童正坐在一架秋千前，脸上露出痛苦的表情，在她旁边还站着另一个孩子。有时候站着的孩子是黑人，坐着的孩子是白人；有时候站着的孩子是白人，坐着的孩子是黑人。还有些场景可以解读为欺骗或偷窃。然后研究者让儿童自己看图说话，并回答相关问题。

这些研究和早年的研究有所不同，研究者并未强迫儿童考虑种族问题，但儿童还是考虑到了：对大多数白人儿童来说，如果画面中的白人儿童看起来像是受害者，黑人儿童看起来像是加害者，那么他们往往会将这类模棱两可

① 即布朗诉托皮卡教育局案，是美国历史上一件重要案例。该案于1954年由美国最高法院作出判决，种族隔离法律因为剥夺了黑人学童的入学权利而被判为违宪，终止了美国社会存在已久的白人和黑人儿童必须分开就读公立学校的种族隔离规定。——译者注

> 的场景解读为伤害行为带来的恶果。不过最重要的一点是，只有来自仅招收白人的专门小学的儿童会表现出这种倾向，来自种族多元化小学的儿童在构思故事时则不会受到人物的种族因素影响。

还有一些实验发现，儿童往往更喜欢同一种族的伙伴，认为他们比别人更好——但这一现象基本上也只存在于种族单一的学校。如果研究是在种族多元化学校进行，那么参与实验的儿童就不会在意种族问题。这类研究结果从某种程度上支持了社会心理学家所谓的“接触假说”（contact hypothesis）。其核心概念是，在适当环境下发生的社会接触能够消除成见。显然种族多元化小学就提供了这样一个“适当环境”。

那年龄更小的儿童呢？针对三岁儿童的研究发现，如果他们需要选择从谁手里接过某样东西，或者和谁一起进行某项活动，那么性别因素就十分重要——男孩往往会选择男性，女孩往往会选择女性；年龄因素也很重要——儿童往往会选择另一名儿童，而不是成年人。如前所述，语言因素也很重要：儿童往往会选择和自己说同样语言的人，而且不喜欢说话带外国口音的家伙。但是三岁儿童对种族毫不在意，白人儿童不会更倾向于选择白人。只有在孩子年岁增长以后，种族倾向性才会悄然萌芽，而且只出现在成长于特定环境的儿童身上。虽然我们可能生来就更偏爱某些族群，但显然我们并非天生的种族主义者。

但就算较年长的儿童已经开始考虑种族问题，他们也不认为种族问题像语言那么重要。比如说，如果让5岁大的白人儿童在白人儿童和黑人儿童之间选一个人当玩伴，那么他们往往会选择白人儿童。但如果他们需要在说话带外地口音的白人儿童和说话不带外地口音的黑人儿童之间作出选择，那么他们往往会选择黑人儿童。

如何分化人群

但是，种族和语言因素对于“结盟”来说并非必不可少。大量研究证明，建立联盟所需的必要条件其实非常之少：要想建立团队忠诚度，只需要让一群人和另一群人对抗就够了。

本领域最著名的研究由两位欧洲社会心理学家各自独立完成。其中一位是 1906 年出生于土耳其的穆扎弗·谢里夫（Muzafer Sherif），他在年轻时差点死于德军之手，后来在 20 世纪 40 年代又因为反对纳粹被关进监狱。另一位学者是 1919 年出生于波兰的亨利·泰弗尔（Henri Tajfel）。他是一名犹太人，曾和法国人一起抗击纳粹，后来成为战俘，在监狱里关了 5 年。所以委婉点说，这两位心理学家对于“结盟”都曾有过切身体验。

与“他们”对抗的“我们”到底是如何炼成的？谢里夫和泰弗尔对此都很感兴趣。要研究这个问题，方法之一当然是考察真实世界的冲突，但这些冲突背后，往往有着漫长而复杂的历史——以色列人可能会列举许多言之凿凿的理由，对巴勒斯坦人表示不满；而巴勒斯坦人也一样。但谢里夫和泰弗尔想找出造成人群分化的最基本因素，所以他们没有考察那些伴有漫长历史背景的冲突现象，而是分别设计了若干实验，创造出之前并不存在的社会分歧。

1954 年，谢里夫邀请 22 名五年级学生前往美国俄克拉何马州的罗伯斯山洞州立公园（Robbers Cave State Park）参加夏令营。他们都是中产阶级白人男孩，来自所谓的“教养良好的家庭”。这些男孩被分成两组，各自住进不同营区的小木屋，他们当时并不知道还有另一组人存在。在夏令营开始后的第一个星期，两组成员各自在营区进行探索活动，一起玩游戏，度过了一段非常愉快的时光。他们都给自己的小组起了名字，一组叫“响尾蛇队”，一组叫“老鹰队”。

然后，在实验人员的安排下，他们发生了第一次接触。谢里夫亲自担任营地管理员，从现场观察两组成员的第一次互动。他发现，在一名男孩听到另一组人的动静之后，虽然还没有看见他们，但却叫他们“来露营的黑鬼”。研究者随后安排两组成员进行排名赛，他们之间的关系慢慢由“谨慎地表达敌意”演变为激烈对抗。这两个小型社会开始刻意强调他们之间的差异：响尾蛇队会大声咒骂，老鹰队则以自己不带脏字的语言为傲。他们都制作了自己的旗帜，并拒绝一起在食堂用餐。他们继续使用带有种族侮辱性的词语，虽然所有人都是白人——似乎这类词语是“我们”对“他们”的通称。在书面检测时，两组男孩都表示，自己部落的成员比对手更加强壮，跑得也更快。

在响尾蛇队取得几次胜利之后，老鹰队偷了他们的旗帜，一把火烧掉了，并在营地上留下它焦黑的残灰。响尾蛇队立刻实施报复，趁老鹰队外出吃饭的时候破坏了他们的小木屋。后来老鹰队取得了排名赛胜利，响尾蛇队偷走了他们珍贵的奖品——心理学家送给他们的小刀。

然后，谢里夫开始进行下一阶段的实验，也就是想办法让两队成员和好——换句话说，就是“在试管中寻求世界和平”。研究者进行了多次不同尝试，比如让他们共同用餐、一起看电影，但是无不以失败告终。不过最后研究者终于找到了成功之法——制造一个让两组成员都感受到切身威胁的问题：他们的水管系统被神秘人破坏了。于是两个敌对部落因为共同原因，或者说共同敌人，走到了一起。

罗伯斯山洞实验证明，我们只需短短几周时间就能创造出敌对社群。不过该实验创造的环境也确实能让个人产生强烈的团队归属感：心理学家不仅刻意安排两组营员比赛竞争，而且还让每个男孩在知道另一组人存在之前，与自己所在的团队度过了一周时间。所以每个男孩都有理由更信任自己熟识的朋友，而不是素未谋面的陌生人。如果没有上述这些社会因素，结盟是否还有可能产生呢？

GOOD AND EVIL 实验室

泰弗尔设计了一个简单的实验：让成年人为一系列抽象画作打分。然后他随机告诉一半被试，他们都有喜欢保罗·克利（Paul Klee）[①]的作品的倾向；同时告诉另一半被试，他们都有喜欢瓦西里·康定斯基（Wassily Kandinsky）[②]的作品的倾向。而这就足以让人们产生群体归属感了。在随后的实验中，他让被试选择把一笔钱分给其他克利爱好者和康定斯基爱好者。被试会把更多钱分配给自己所属的阵营——就算他们自己不会从中受益。

泰弗尔的发现多次得到重复验证。甚至有研究发现，你只需借助柏拉图眼中最能体现随机性的事件“抛硬币”，就能分化人群。这类“小群体”（minimal-group）研究同样也曾在儿童身上进行。

GOOD AND EVIL 实验室

心理学家丽贝卡·比格勒（Rebecca Bigler）和同事们做了一系列实验：他们把参加暑期课程的孩子随机分为两

① 保罗·克利，德国现代主义画家。——译者注
② 瓦西里·康定斯基，俄罗斯画家和美术理论家。——译者注

组——有人拿到蓝色 T 恤，有人拿到红色 T 恤。他们发现，如果老师提到衣服颜色的差异，并且在比赛时按照衣服颜色进行分组，那么孩子们就会发展出强烈的内群体偏好（in-group preference）——孩子们会更亲近那些和自己穿同色衣服（不是肤色或其他生理性颜色）的同伴，也愿意把更多资源分配给自己所属的群体。

还有些研究者发现，他们只需要给孩子们分发不同颜色的 T 恤，或者根据抛硬币结果把他们分成不同小组，就足以创造出内群体偏好了。参与上述实验的孩子们要么会把更多的钱分配给自己的团队，要么会预测自己的团队将在比赛中取得更好成绩。对于别组成员犯的错，他们也更有可能“惦记”在心。

但也并非任何区别都能分化人群。假设有一张两侧坐满人的桌子，某人坐在其中一边，那么他当然可以把人群分为“坐在自己这边的”和“坐在桌子对面的”，或者“坐在自己右边的”和“坐在自己左边的”。但上述任何一种区分都不会让人在心理上自然产生群体分化感，因为这些差异实在是太微不足道了。真正让儿童和成年人盯住不放的差异需要在周围其他人看来也十分重要，因为我们都是社会性的动物。不管是硬币正面还是反面、红色 T 恤还是蓝色 T 恤、克利爱好者还是康定斯基爱好者，只有当我们发现别人也重视这些区别时，我们才会觉得它们对自己来说十分重要。所以我们不能简单地说，我们只需要通过抛硬币之类的随机事件就能制造出小群体。抛硬币本身其实没什么用，真正起到作用的是当时的社会情境——在此情境之下，抛硬币的结果对其他人来说必须十分重要。

论及群体的社会本质，你可能还记得，就算是婴儿也能根据他人的皮肤颜色对人进行区分。但是儿童并不会根据皮肤颜色来选择和谁做朋友：学龄前儿童才不管你是何种族；就算是大一点的孩子，如果他们来自某些种族多元化学校，他们也不会表现出种族倾向性。但如果皮肤颜色拥有社会意义，比如让黑人孩子坐一张桌，白人孩子坐另一张桌，那么孩子就会用皮肤颜色来区分你我。如果皮肤颜色没有社会意义，那么孩子也不会揪住它不放。我们虽然一出生就准备好区分“我们”和“他们”，但明确告诉我们该如何作出区分的，其实是我们所处的环境。

刻板印象无处不在

我们对社会群体形成的许多总括性看法，其实也拥有一定的现实依据。住在美国纽约市的科学作家戴维·贝莱比（David Berreby）在《我们和他们》（*Us and Them*）一书开头，描述了自己在附近街区观察到的景象。他看到很多人（大多数是女性）推着婴儿车在街上走。如果他看到白人成年人带着非白人小孩，他就会想当然以为那个白人成年人是小孩的父母；但如果他看到非白人成年人带着白人小孩，他就会想当然认为那个非白人成年人是小孩的保姆。

于是贝莱比自问：他这么想是不是有问题？如果他认为上述规律没有例外（也就是说，非白人成年人不可能是白人小孩的父母），那么他的想法很可能就有问题了。但是贝莱比自己非常清楚，这只是一个总括性的看法，并不是一条绝对的铁律。我还能举出另外一个例子。可能有人已经注意到了，很多大学教授都是犹太人。犹太人在美国总人口中只占 1%～2%；就算在我生活和教书的康涅狄格州纽黑文市，犹太人也只占 4%。我虽然没看过详细统计数据，但我可以向你保证，在我的同事里，犹太人所占的比例要远远高于 4%。

总括性看法究竟从何来而？最佳的探究途径其实是研究历史和社会学，而不是研究心理学、神经科学或者进化生物学。在谈到美国白人和黑人的差异时，如果不提及奴隶制和《吉姆·克劳法》(*Jim Crow Laws*)[①]，那才叫不可思议呢。

但我们也应记住，本来的随机性差异也有可能造成真正的分别——只要相信的人足够多。在这一点上，真实世界和心理学家的实验室如出一辙。这就是为什么消除社会差异的进程如此缓慢的原因：差异拥有自我延续性。贝莱比在书中提到了自己在加利福尼亚州私立小学上学时的经历。那里的孩子有一半是白人，另一半是黑人。教师为方便管理，按照星座把孩子们分成小组。这种分组方式很快就拥有了社会性意义，用他的话说就是：“我们金牛座很快就认识到，我们是同一阵线的伙伴。”不久之后，大多数金牛座孩子的言行都趋于相似，甚至让部分本来不相信星座的老师都开始相信星座了。

又或者让我们考察一下部分亚洲人的看法：出生在龙年的孩子都会成为佼佼者。研究者曾经调查了移居美国的亚裔移民，发现出生在1976年龙年的孩子确实比出生在其他年份的孩子拥有更高的教育水平。如此差异当然不是出生年份本身造成的，而是因为人们相信出生年份能造成这般差异。这项研究发现，龙年宝宝的亚裔母亲自己也拥有更高的教育水平，也更加富有，而且她们普遍比其他亚裔母亲要年长一点——因此她们更有条件调整自己的生育策略，在龙年生宝宝。

虽然群体差异的起源问题不在心理学研究范围之内，但是我们如何习得群体差异却完全是一个心理学上的问题。答案其实很简单：人类

① 《吉姆·克劳法》，泛指1876至1965年间美国南部以及边境各州对有色人种实行种族隔离制度的法律。——译者注

（以及其他生物）是天生的统计学家。我们适应当下的唯一途径就是对过去的经验进行归纳概括。过去的经验告诉我们，椅子可以坐、狗会吠叫，苹果可以吃。当然也有例外，比如不结实的椅子、哑了的狗，以及有毒的苹果。而我们也确实需要对这些例外提高警惕。但是如果我们一直迁就例外，我们就不可能好好生活，我们在面对椅子、狗和苹果的时候就只能茫然无措，不知该如何是好。

我们也会用统计学的眼光来看人。正如社会心理学家戈登·奥尔波特（Gordon Allport）在经典著作《论偏见的本质》（*On the Nature of Prejudice*）中所说，我们"必须带着分类意识进行思考……我们不可能回避'分类'这一思维过程"。假如我走在街上，想找个人来问路，我不会去问蹒跚学步的幼儿，因为我对幼儿的"刻板印象"是，他们实在不太善于指路；我也不会去问一个冲着空气大喊大叫的人，因为他们很符合我对疯子的刻板印象，而疯子一般来说既不可靠也不太可能会为我提供帮助。如果我听说某个杀人犯或强奸犯潜逃在外，我很可能会睁大眼睛，时刻警惕"他"出现——是的，"他"。虽然凶手和强奸犯也有可能是女性，但是我的直觉紧紧跟随统计数据。事实上已经有不少研究发现，当被问及体育成就、犯罪率和收入等问题时，人们对种族和民族的刻板印象通常都是正确的。

那么有什么地方不对呢？我们需要考虑的问题之一就是道德。就算刻板印象通常来说都是正确的，但我们也不应该肆意利用它。这个问题有点微妙：某些对人群的总结概括不会给我们带来道德上的困扰。比如我们很欢迎那些区别对待不同年龄之人的法律规章。这是因为我们不得不这么做（我们不可能让所有人都开车），因为这类刻板印象深植于事实经验之中（4 岁儿童实在太年幼，还不适合开车），也因为这类政策与所有人的生命安全都息息相关，而不只对一部分人有利。所以它们似乎是公平的。而且过不了几年，孩子们在达到法定年龄之后就都有机会开车了。还有一个例子是，保险公司可以根据某人的吸烟史和体重对他实行区别对待，而这也是社会允许的。

但是与性别、种族或民族有关的刻板印象，运用起来就十分危险。部分原因在于，它可能会给人带来痛苦——就算刻板印象本身是正确的，因刻板印象而被区别对待之人所承受的痛苦也要远远大于刻板印象给人带来的便利。还有一个原因是，它违反了我们的某种公平意识。讽刺性新闻机构《洋葱报》(*The Onion*)曾经印制过一套T恤，上面写着“刻板印象，节省时间之良伴”，但有时候我们不能根据某人所属的族群把他区别对待，因为这是错误的——我们最好还是不要节省这个时间。

还有一个问题是，刻板印象不只来自于个人经验和统计数据，还会受到结盟偏好的影响。我们在遇到椅子、狗和苹果时，都是出色的统计学习者；但在我们谈到人的问题时，我们对人群的偏好性就会影响我们的结论。在新群体建立之初，克利爱好者与康定斯基爱好者之间，或者穿红T恤的孩子与穿蓝T恤的孩子之间，其实没有什么不得了的区别，但是几乎所有参与者都会自觉得出结论，认为“我们”与“他们”之间存在天壤之别，并且坚信自己所属的群体从客观来看更为优越。

在实验室之外，我们也常能观察到类似现象。在第二次世界大战开始之后，美国人改变了自己对中国人和日本人的态度。在此之前，美国人一直认为日本人思想进步、崇尚艺术；在此之后，美国人开始认为他们狡猾奸诈、背信弃义。在此之前，美国人认为中国人狡猾奸诈、背信弃义；在此之后，美国人认为中国人含蓄保守、谦恭有礼。美国人对俄罗斯人的态度也曾经发生过类似的巨大转变。在1942年俄罗斯和美国一起联手对抗希特勒时，美国人认为俄罗斯人英勇无畏、勤奋努力；但在1948年冷战开始之后，美国人认为俄罗斯人残忍冷酷、刚愎自用。

只要想到某人不在我们的群体之中，就能影响我们对他的看法。我们已经知道，婴儿和幼儿更喜欢和说同样语言、带本地口音的人接触。成年人往往也会把说话带特定口音的人视为能力不足、智力低下、教育程度低、缺乏吸引力。还有些研究发现，如果某人来自我们非常不了解的群体，我们就很容易认为他缺乏某些人类独有的情感，比如嫉妒和悔恨。我们会把他们视为野蛮人，最多也不过把他们视为懵懂的孩童。

不易觉察的内隐偏好

还有一个因素需要格外注意：心理学实验的参与者通常都是来自北美或欧洲高等学府的大学生，他们可能是世界上最不认同种族主义的一群人了。就算实验采用了严格匿名制，他们中绝大多数人也是货真价实的非种族主义者。事实上，种族主义之于他们更像是一种禁忌。它满足禁忌的两个标准：首先它十分冒犯他人（很多最具侮辱性的绰号都使用了种族主义词语），而且它还十分滑稽可笑（不少滑稽演员的看家本领，就是说“白人做这、黑人做那”之类的段子）。从上述两点来看，种族主义无疑属于禁忌，就和人类排泄物以及性交一样——至于后两个问题，我们将在下一章中详细论述。但儿童一开始不会把种族视为禁忌。

GOOD AND EVIL 实验室

有研究者从当年风靡一时的流行游戏“猜猜是谁”（Guess Who?）中得到启发，设计出这么一个实验：他们选择了40张不同人的照片，排列成4行，每行有10张，展示给一群年龄介于8~11岁的孩子看。被试儿童中绝大部分都是白人。实验人员会随意选择一张照片，让孩子通过提出“是否问题”（比如“你选的是不是女人？”）逐渐减小范围，最终锁定“嫌疑者”，而且要求问题越少越好。

如果全部40张照片上都是白人，那么10岁和11岁儿童的表现就比8岁和9岁儿童要好，这并不出人意料。但如果有些照片是白人，有些照片是黑人，那么10岁和11岁儿童的表现就不尽如人意了，因为他们会尽量避免提及这样的问题：“你选的是不是白人？”他们的心理发展已经达到某个新阶段：即使只是提及种族，也会让他们付出某些精神代价。事实上，社会心理学家发现，许多明显没有种族偏见的白人被试，在和黑人接触的时候，也会因为自己可能表现出种族主义心理而产生强烈的焦虑感。

但即使是世界上最不认同种族主义的人，在潜意识中也会有种族偏好性。这是心理学上最有趣的发现之一。假如电脑屏幕上飞速闪过一张黑人面孔，速度快到让人无法察觉，它也很可能会刺激白人被试产生侵略性的念头，他们更有可能在“填字母、拼单词”环节，把“HA_E”写成“HATE”（意为仇恨）。黑人面孔也很可能会刺激大脑杏仁核产生激烈反应，而杏仁核与恐惧、愤怒、威胁等情绪密切相关。在内隐联想测验（Implicit Association Test，IAT）中，大多数人会更容易将白人面孔与积极词语（比如“快乐”）相联系，而把黑人面孔与消极词语（比如“恐怖”）相联系。

这类内隐联想测验屡屡见于大众媒体，有时人们会用它来揪出隐藏在人群中的种族主义者。我看过的最糟糕的例子，出自电视剧《别对我撒谎》（*Lie to Me*）的某一集。一群顶尖的心理学家和调查专家居然试图通过一套混乱不堪的所谓内隐联想测验，在一群消防队员中找出因种族仇恨而犯下罪行的人。他们发现，其中一名消防员对积极词汇（比如“正直”）与黑人面孔（比如美国总统奥巴马）的组合反应时间要长于其他人，于是他们就此锁定嫌疑人。这名消防员后来当然表示抗议：“我不是种族主义者！”调查员不客气地回了一句：“只是你自己不知道罢了。”正是这类不负责任的媒体演绎，让社会心理学家备受伤害。就算那群消防员参加了真正的内隐联想测验，它也不能帮助我们揪出种族主义者。这类测验的真正目的其实是收集与我们的无意识偏好有关的综合数据，它们并不是种族主义探测器。

但是，也有部分批评者走向了另一个极端。他们认为，这类发现几乎完全无助于我们理解现实生活中的刻板印象和偏见。毕竟，有谁会在乎反应时间、皮肤电传导和杏仁核活动之类与现实生活全然脱节的测量数据呢？但其实这些测量数据与我们的思考方式息息相关，而思考方式的重要性不言而喻。而且在现实生活中，同样的内隐偏好也会对人们的决策产生影响，比如是否聘用某人，或者在某人哭喊求助的时候是否伸出援手。

内隐联想测验指出，我们可能一直在和自己作战。做聘用决定的人可能一方面坚持认为自己应该把种族因素排除在外（或者应该把更多机会提供给少数族裔），另一方面却告诫自己不要聘用黑人。这类心理冲突很可能表现为道德上的挣扎：我们明明知道怎样才是正确的做法，但我们的内心感受却阻止我们这样做。

群体偏好的利弊

我敢打赌，就算再过 100 年，我们仍然会以群体的方式来思考问题。

我们仍然会拥有某些偏好，仍然会固守成见。原因之一在于，群体差异性并非凭空虚构，而是确实存在的。比如说，美国人常对来自亚洲国家的学生怀有一种刻板印象，认为他们的学习成绩比一般人要好；而事实也确实如此。在大学申请者中，亚裔学生的SAT成绩普遍高于平均值。你当然可以把此事作为禁忌，禁止任何人谈论，或者至少禁止所有非亚裔人谈论。但是如果你不懂得洗脑或者集体催眠，你就不可能修改人们的大脑，让他们忘记自己已经了解的事实。

所以我们对群体的部分归纳概括很可能会一直存在。我们认为“种族”或“民族”的成员之间拥有某些相似之处，就和我们认为家人之间十分相似一样。直系亲属都拥有共同的基因，所以他们很可能拥有某些相同的特征；小家庭集合在一起，就能形成更大的群体，其成员也同样拥有共同的基因，拥有某些相似的特征。最重要的是，人们只要长期生活在一起，就会随着时间的迁移而发展出相同的特性，不管他们是来自同一家庭，还是许多家庭组成的集合体：群体成员会发展出自己独特的饮食习惯，会举行特定的活动，会以特有的方式说话，也会拥有某些共同的价值观。

至于群体偏好为何一直存在，还有另外一个原因，那就是我们拥有与人结盟的本性。我们更喜欢自己所属的群体。这一现象在小群体实验中已经得到确证，在现实生活中也显而易见。我们被国家、邻里和亲属的纽带捆在一起，其中最紧密的纽带就是亲属关系。人们也曾做过各种各样的尝试，试图瓦解家庭这条特殊的纽带，把家庭替换为其他群体，比如国家或教会。但是一切努力均以失败告终。其实，种族、民族与亲属关系有一点十分相似：在区分“他们”与“我们”的时候，就连思想最自由、反种族主义最坚定的人也明白，这个问题的真正含义在于谁才是你的血亲。正如心理学家弗朗西斯科·吉尔–怀特（Francisco Gil-White）所说，如果有人说自己拥有1/2爱尔兰血统、1/4意大利血统和1/4墨西哥血统，他想表达的并不是自己的政治态度或者联盟意识，而是他们的祖先所属的民族。

群体偏好也有光明的一面。我们倾向于把自己和其他人归入特定群体，这会给我们带来真实的快乐。没有人想看到自己的文化和语言走向消亡，社群生活也会给我们带来不少欢愉。虽然我们很多人都不赞同别人恶意诋毁其他群体，但一般来说，如果你关心自己的群体，并且为之骄傲自豪，那么没人会觉得你有什么错。

我小时候是在加拿大的魁北克省长大的。我们社区的犹太人非常热衷于帮助远在俄罗斯的犹太人——这些居住在远方国土上的陌生人之所以重要，是因为他们属于“我们”。如果别国政府以不正当理由把某个法国人投入监狱，那么就会激起所有法国公民的愤怒；意大利人会为其他意大利人的成就而感到自豪，虽然他们可能从未谋面。在我写作本章时，有一位同事邀请我去参加一个政治活动，支持一位如果竞选成功“就会成为美国大陆第一位华裔美籍参议员”的政客。如果我告诉你，这位向我发出邀请的同僚自己就是华裔美籍人士，你会感到惊奇吗?

就算对于那些强烈反对宗教和国家主义的人来说，他们也能从其他群体中获得乐趣，比如直系亲属、朋友圈子，或者专业人士组成的社区。随便举个例子，虽然把自己视为心理学家队伍中的一员跟把自己视为天主教徒、希腊人或者美国人可能还不完全一样，但是我们依然能从群体中体会到同样的温暖、自豪和归属感。贝莱比甚至说，我们对群体的重视，是“人类想象力和创造力的天然源泉之一”。

有人可能会说，我们对特定群体的偏好本性固然可能会给我们带来益处，但是却不足以弥补它造成的损失。对于每个“我们”来说，都有与之相对的“他们”，祸根也就此埋下——如果没有图西人和胡图人的区别，就不会有卢旺达大屠杀。但是除了把人类分成不同群体之外，我们是否还有其他选择呢？这一点仍未可知。没人知道人类是否能拥有真正的普世伦理，我们是否真的能把不同文化、国家或血缘视同为一，而且仍然能坚持善良和道义。

哲学家奎迈·安东尼·阿皮亚（Kwame Anthony Appiah）写道，就算我们要和遥远他乡的陌生人接触，我们“也总是会选择和某类特殊的陌生人接触，因为我们和他们拥有共同的身份，我们常能从中感到温暖”。美国天主教徒会给远在苏丹的天主教友捐献财物，作家会为全世界作家的自由而战，瑞典女性会为南亚女性的权益而贡献力量，凡此种种，不胜枚举。在论述这一点时，阿皮亚引用了西塞罗的名言：“如果我们对关联最紧密的人表现出最大的仁慈和善良，那么社会利益和社群公约就会得到最好的保护。”

如果我们发现自己的结盟偏好正逐渐失去控制，我们也可以动用智慧来把它带回正轨。所以我们缔结了国际公约，成立了许多国际组织，旨在保护全人类的普遍权利。我们也推崇盲评、盲审制度，以防止裁判者因候选人的种族（或者其他任何不应予以考虑的因素）而产生有意识或无意识的偏好。我们也建立了定额分配制和多元化制度，以保证少数群体也能获得足够席位，防止单一群体完全按照自己的喜好和理想行事。

但是，我并不认为上述解决办法就一定是正确的做法，至少它们不可能都是正确的，因为其中有不少针锋相对、非此即彼。比如大学采用的种族平等入学制度，就不同于定额分配制和多元化制度，后者明确要求把种族因素纳入考虑范围。我想说明的是，我们可以在习俗和法律的协助之下，消除那些我们认为是错误的偏好，从而扭转局面。这也就是广义上的道德进步。

一般来说，我们不能仅仅依靠善心和意志力就成为更好的人，正如我们一般不能仅仅依靠希望和努力就成功减肥或戒烟一样。但我们都是智慧生物，我们可以运用智慧来梳理信息，同时限制我们的选择，让“更好的那个我”战胜自己深恶痛绝的直觉和私欲；我们正是以此来克服自己偏爱所属群体的自然倾向。但在我们的本性之中，还深藏着某些更加丑陋的部分，同样需要我们努力克服。

JUST BABIES

第5章

厌恶感是怎样把道德带入歧途的

|共情的对立面|

THE ORIGINS OF GOOD AND EVIL

厌恶感是罪恶行为的强大原动力。如果你想把某个群体彻底消除或者边缘化，你就需要诱发这种情感。化学家和作家普里莫·莱维（Primo Levi）曾写道，纳粹禁止犹太犯人上厕所，其结果就是："男人和女人只能在任何他们能找到的地方蹲下——可能是在站台之上，也可能是在铁轨中间。党卫队队员在看到他们的时候就会肆意嘲笑，碰巧经过的德国民众脸上也会写满厌恶，仿佛在说：看看他们都干了什么！这种人就应该遭受这样的厄运。他们不配受人尊重，他们甚至不配被称为'人'，只能算作野蛮的动物。这一点就和白昼一样昭然。"

其实，我们甚至不需要强迫他人作出令人反感的行为，就能轻易对他们产生厌恶感——我们可以借助想象的力量，这也是我们最常用的方法。比如你可以对别人信口开河，说某人身上有多脏，气味有多难闻。伏尔泰在谈到犹太人时说："那些人是如此不注意清洁和生活的体面，以至于他们的立法者必须通过制定法律才能强迫他们洗手。"你还可以借助比喻的力量。例如纳粹就将"犹太人"比喻为"一种瘫软而多孔的生物，浑身上下到处都是胶黏的液体，像女人一样黏糊糊的；他们是生长在'德意志'这位伟大男性身体里的可憎寄生虫"。

人们常常会把自己仇视的群体比作令人厌恶的生物，比如老鼠和蟑螂。在每一次种族仇杀行动中，我们都能发现这样的修辞，不管对象是亚美尼亚人、图西人还是别的种族。

而且让人产生厌恶感的对象不一定是民族或种族。乔治·奥威尔（George Orwell）[①]曾经详细阐述过厌恶感在阶级分化中扮演的角色：

> 你现在触及了西方社会阶级分化的真正秘密……总结起来就是几个非常恶毒的字眼，虽然人们现在不太敢说了，但在我小时候，人们可是随便说的。这几个字就是：下等人的臭味。

“下等人的臭味”，人们以前就是这样教导我们的。显然，你面前有一道无法逾越的障碍，因为没有任何一种喜欢或者不喜欢的感觉会像生理感觉一样强烈。种族仇恨、宗教仇恨、教育差异、性格差异、智力差异，甚至道德准则上的差异，通通都可以克服，但是生理上的厌恶就没办法了。你可能会爱上一个杀人犯或者鸡奸犯，但是你不会爱上一个有严重口臭的人。不管你有多么希望自己能够喜欢他，也不管你有多么钦佩他的头脑和人格，只要他有口臭，他就成了一个可怕的家伙，你会打从心底里讨厌他。

在本书前几章中，我们讨论了共情在激发道德行为的过程中扮演的角色。共情让人更有可能关心他人，作出同情和利他行为。而厌恶的作用和共情恰好相反。它让我们对他人的痛苦无动于衷，而且拥有煽起仇恨和去人性化（dehumanization）的强大力量。

① 乔治·奥威尔，英国著名作家和社会评论家，其最广为人知的作品是《动物庄园》和《一九八四》。——译者注

厌恶感的产生根源

厌恶感来得很容易。想象你打开食品储存盒，深吸一口食物的香气，结果却发现汉堡包坏掉了。大多数人马上会产生这么一种感觉：恶心作呕。同时，你脸上会呈现出一种特殊的面部表情，即所谓“作呕表情”——鼻子紧皱，嘴巴闭拢，舌头顶到前面；你还会产生一种特殊的心理冲动：快点把这玩意儿拿开。你不想闻它，不想碰它，当然更不想吃它。

无论是物体、物质还是生活经历，都有可能让人产生这样的反应。厌恶心理学研究领域的权威人物保罗·罗津（Paul Rozin）发明了一套衡量人们“厌恶敏感度”的方法。罗津和他的同事们对被试进行了一系列评估，我将会在此列出其中几项，让我们来看看你对这些假设情景究竟有多么厌恶吧！

◎ 你走进公共厕所，看到马桶里有没被冲掉的大便。
◎ 你朋友养的宠物猫死了，你必须亲手把它的尸体拿起来。
◎ 你看到一名遭遇事故的重伤男子，肠子正从他的身体里流出来。
◎ 你走在马路下方的隧道里，忽然闻到一股尿骚味。

不同人对厌恶的敏感程度各不相同。我曾经在课上和报告会现场大声诵读这些假设情境，有些人觉得实在没必要大惊小怪，有些人却感觉自己都快吐了。有一次，我在大课“心理学导论”上用幻灯片打出这些句子，一个学生当着全班同学的面夺门而出。罗津和他的同事们发现，厌恶敏感度可以用来预测人在现实生活中如何应对令人恶心的事物，比如伸手捡蟑螂，或者碰触刚被宰杀的猪的头部。

通过实验研究和跨文化观察，我们发现，世界各地的人们都反感血液、凝结的血块、呕吐物、尿和腐烂的肉——罗津把这类事物引发的厌恶感称为“核心厌恶”（core disgust）。不幸的是，对我们来说，这些东西都是我们生命的必然组成部分，正如某本著名童书的标题《所有人都拉屁屁》（*Everyone Poops*）。想想那些从我们的身体和我们所爱之人的身体里喷出来、滴出来、流出来的东西吧！然而它们的恶心程度不尽相同。比如说，粪便和臭屁当然不是什么好东西，但是人们似乎挺愿意接受别人的精液和唾液；汗液好像也没有鼻涕那么可恶；而且至少在吸血鬼小说里，喝血能激起情欲，而不会让人反胃。最有趣的是，有一种身体产物似乎一点也不令人厌恶——那就是眼泪。罗津认为，我们之所以不厌恶眼泪，是因为我们认为眼泪是人类独有的产物。但是我觉得威廉·兰米勒（William Ian Miller）的解释更有道理：眼泪不同于其他令人厌恶的物质，因为“它们纯净透明、流动如水、不黏稠、无气味、尝起来也清爽”。

但也有人因为工作的缘故，不得不天天处理这些令人厌恶的物质，比如和伤员、病患以及死者打交道的人。还有些人出于自身意愿，投身于这类会给自己带来厌恶感的活动。他们或许是为了证明自己有多厉害、精神有多顽强，或许是为了取悦他人——比如 NBC 真人秀节目《恐惧元素》（*Fear Factor*）里的那群人。在其他一切条件都相同的情况下，我们会极力避免那些出现在罗津“核心厌恶列表”中的东西。

但我们刚出生的时候并不是这样的，婴儿全然不知厌恶为何物。正如弗洛伊德在《文明与缺憾》（*Civilization and Its Discontents*）中所说：“排泄物不会让儿童产生厌恶感；对他们来说，排泄物反而是一种很有价值的东西，因为它曾经是他们身体的一部分，然后从身体里流出来了。”如果放任年幼儿童自由玩耍，他们会碰触甚至吃掉各种令人恶心的东西。于是罗津和他的同事们做了一个实验——简直可以说是发展心理学领域最酷的实验了。他们找来一群年龄在两岁以下的儿童，在他们面前放上形如狗粪的实验品（“由花生酱和臭味奶酪仿真雕琢而成”）。大部分孩子都抓起它们吃掉了，而且多数孩子还吃了一整条小干鱼，1/3 的儿童吃了一只蚂蚱。

然而，情况在童年早期忽然发生了变化，就好像某个开关终于打开了。儿童开始变得跟成年人一样，对世上许多事物都产生了厌恶感。心理学家一直想搞清楚，到底是什么东西引起了这种变化。很多人选择支持弗洛伊德的理论，认为这一切都是“如厕训练”的悲剧结果。在我的孩子还小的时候，我读到一本出色的育儿书籍，作者是佩内洛普·利奇（Penelope Leach）。她建议：

> 不要试图让孩子像成年人一样厌恶粪便。他刚刚发现粪便是从自己身体里排出来的。他把它们视为自己所属的奇妙产物。如果你急着跑去清理儿童专用大便座椅，对他指指点点、眉头紧皱，在他查看或伸手摸座椅上的东西时勃然大怒，那么你就会伤害他的感情。当然你也不必假装自己和他拥有同样的爱好——发现大人不玩粪便，是每个人在成长中都必须经历的过程。但不要让孩子觉得粪便是令人厌恶的脏东西。如果他发现自己的粪便让你感到厌恶，他就会认为自己也让你感到厌恶。

利奇有一点说对了：父母公然对孩子表露厌恶，是极不尊重孩子的行为。但除此之外，这段话里的大部分观点都是错误的。儿童并不是发现“大人不玩粪便”，就好像他们发现“大人不穿连体连脚睡衣”等习惯一样；儿童自己会渐渐发觉粪便很恶心。他们之所以会对粪便产生新的看法，并不是因为他们注意到了成年人的反应。毕竟世界上已经有很多人阅读了利奇的作品，听取了她的建议。但那本书出版至今已经超过 20

年了，人们仍然对粪便感到厌恶。

如厕理论还存在其他缺陷。有些社会的排尿和排便习惯与我们大相径庭（某些社会甚至都没有厕所），但所有社会都普遍厌恶排泄物。而且，血液、呕吐物和腐肉也同样令人厌恶，但它们和“如厕训练”没有一点关系。就算如厕理论是对的，也就是说，孩子对自身排泄物感到恶心是因为他们发现大人对自身排泄物感到恶心，如厕理论也并没有真正解决问题，只是把问题又绕回来了：为什么大人会厌恶排泄物呢？

一个更为合理的解释是，“核心厌恶”自有其适应性目的。根据这一理论，厌恶感并不是后天习得的，而是在婴儿达到特定发展阶段之后就会自然出现的。至于为何会有延迟，其实也有道理可循：如果厌恶感产生得太早，那么不得不常常接触自身排泄物的婴儿就会一直感到恶心，而且自己还无能为力。自然选择固然残忍，但是不会如此毫无必要。

如果厌恶来自于适应过程，那么它适应的究竟是什么？最流行的解释是，厌恶感可以让我们免于误食变质的食物。“厌恶”的英语是“disgust”，它的拉丁文词根的意思就是“糟糕的味道”。

适应理论也得到了许多证据支持。第一，正如达尔文观察到的那样，厌恶感会让人产生独特的面部表情，与人们在不想闻到什么东西时作出的动作十分相似：堵住嘴巴的入口，用舌头赶走已经进到嘴里的东西。所以我们在感到恶心的时候绝不会张大嘴巴，这并非毫无原因。其实，“作呕表情”就和人们实际干呕时的表情一模一样，因此呕吐很可能就是厌恶表情的起源。第二，与厌恶相伴而来的恶心感会让我们失去食欲。第三，就算仅仅是想象自己食用变质食品，也会触发我们的厌恶之感。正如达尔文所言（当然他多少带有一点维多利亚时代的夸饰风格）：“值得注意的是，有人只要想到自己吃了什么奇怪的食物——比如不常被用作食物的动物的肉，他们就会立刻干呕起来，有时还会真的开始呕吐。”第四，就算孕期女性努力控制妊娠反应，她们也特别容易产生厌恶感；与此同时，她们腹中的胎儿也最容易受到有毒物质的伤害。最后一点，人们在看到令人反感的图片时，他们大脑中负责处理气味和味道信息的前岛叶皮质也会变得更加活跃。

当然，厌恶感也不可能全都是天生的，因为不同人会对完全不同的事物产生厌恶感。比如吃老鼠、甲虫和狗的想法会让我不禁作呕，但对于来自其他社会的人来说，它们却是绝对的美味，所以厌恶感一定也与后天学习有关——这与变质食物理论并不矛盾。摆在我们人类面前的，就是罗津所谓的“杂食者困境”——我们能吃到的食物品类繁多，而其中有一些能致人死命。所以我们需要向周围人学习，才知道自己在当前环境下能够吃什么，不能吃什么。而在了解食物的过程中，特别是在牵扯到肉类的时候，我们采取的策略是“在证明它能吃之前，先当它不能吃”。从来没有人告诉我吃油炸老鼠很恶心；我之所以觉得这事很恶心，是因为在我童年时代的“关键期”，我周围没人吃油炸老鼠。

但也有人认为，食物理论并不能完整地解释我们为何会产生厌恶感。厌恶感进化至今，已经能警告我们普遍远离病菌和寄生虫。人类学家瓦莱丽·柯蒂斯（Valerie Curtis）和她的同事们借助互联网，调查了来自165个国家的超过40 000名志愿者，请他们选出令自己感到厌恶的图片。研究者发现，呈现出潜在疾病症状的图片最容易招人反感，比如流脓和发炎的皮肤患处。它们比单纯的烧伤图片更令人感到厌恶。人们还会对装扮成发烧或发疹的人感到厌恶。这条理论同样能够解释为什么一个不洗澡的陌生人的体味会特别令人厌恶——因为不洁正是疾病的标志之一。

厌恶感让人变刻薄

达尔文向来是个敏锐的人性观察者，他曾经通过自己的亲身经历给我们讲述了一个关于厌恶感的故事。当时他在南美洲火地岛旅行，他写道："一个土著人用手指碰了碰我们冷藏的肉，我之前在营地里吃过这东西。他感觉到肉的柔软，脸上立即露出厌恶的表情。而我则因为食物被一个浑身赤裸的野蛮人碰过而大感恶心，虽然他的手一点也不脏。"

人也能引发厌恶感。如果说，厌恶感之所以进化出来，部分原因在于它能帮助我们的祖先预防疾病，那么我们的祖先也自然会对人产生厌恶——毕竟我们人类自己就有可能成为疾病的载体。但是我们之所以会令人厌恶，理由要比这更加简单。因为我们都是有血有肉的生物，我们和许多能引起核心厌恶的东西紧密相连。用奥古斯丁[①]的话说就是"Inter faeces et uriam mascimur"——"我们都诞生于粪溺之间"。

如果厌恶的对象是死老鼠或者一摊呕吐物，那么厌恶感在道德上可能就是中立的；但如果我们对自己的人类同胞感到厌恶，那么就可能会引发道德问题。但是请注意，厌恶感不同于排斥或仇恨。你可以特别恨一个人，但是此人不一定会令你从心底感到厌恶。不过，我们也常会忍不住使用带有厌恶意味的修辞手法来形容那些自己瞧不起的人，比如"他真让人恶心"。当然，你也可以单纯地厌恶一个人，而不带仇恨、排斥或者其他任何负面感情。当你在给自己的孩子换尿布或者清理呕吐物的时候，你可能会感到恶心，但这些事情不会让你仇恨自己的孩子。不过厌恶感确实会增加你产生负面感情的概率。在其他条件都相同的情况下，如果你对某人感到特别厌恶，你也会特别排斥他。

① 奥古斯丁，古罗马哲学家和基督教神学家。——译者注

厌恶是共情的对立面。正如很多时候（但并非全部）共情能把人引向同情，厌恶也常常（但并非一定）会让人产生排斥。共情会让我们更加理解他人的人性，而厌恶则会让我们轻视和反感他人，认为他们缺乏人性。

研究证明，厌恶感会让我们对他人作出更刻薄的评判。第一个实验是由心理学家塔利亚·惠特利（Thalia Wheatley）和乔纳森·海特（Jonathan Haidt）[①]完成的。他们对被试使用了催眠术，让他们在看到某个随机选择的单词时感到一阵恶心。然后他们给被试看了几则故事，里面的主人公都犯了一点道德上的小错误。被试如果在文中了看到那个关键单词，就会认为故事主人公的行为更加不道德，反之则不然。

在其他实验中，研究者要求被试对一张堆满垃圾、令人厌恶的桌子做评判，或者让他们待在一间喷了臭屁喷雾的房间里，又或者让他们观看电影《猜火车》（*Trainspotting*）中的一个场景——某个角色把手伸进满是粪便的马桶，再或者要求被试写一段令他们感到厌恶的亲身经历。上述情景都让被试更容易对他人行为作出道德谴责。就连吃苦味食物，由于能让人产生类似于生理厌恶的反应，也会令人对不道德行为更加仇视。另外，拥有较高厌恶敏感度的人对特定人群的态度也更为恶劣——比如移民和外国人。这与之前的实验发现完全相符。

生活常识和实验结果都告诉我们：厌恶感会让我们变得更刻薄。

我们怎么看同性恋和乱伦

性行为也在罗津的厌恶敏感度量表中占据了一席之地。研究者要求

① 乔纳森·海特，美国当代社会心理学家，著有《象与骑象人》、《正义之心》等书。——译者注

被试评估他们对下列性行为的厌恶程度：成年女性和她的父亲发生性行为；30 岁的男性想要和 80 岁的女性建立性关系。很多人都觉得上述行为很恶心，甚至将之视为不道德。

我们会对某些特定类型的性行为产生道德上的反感。从进化的角度来看，这真令人百思不得其解。我之前在本书中讨论的大部分道德问题都可以从进化和适应的角度加以阐释：如果我们遇到善良而诚实的人，我们就会感觉内心温暖；如果我们碰上背叛者和不劳而获者，我们就会非常愤怒——这些反应都可视作我们对小型社会人际关系的适应性解决方案；而我们对不公平行为的反应，则源于我们进化出来的对地位的迷恋；我们对人身伤害和谋杀的反应，源于我们对延续自身和血亲生命的重视；我们认为故意杀人比在知情的情况下任由人死去（就算拯救他们的生命是件轻而易举的事）更为恶劣，因为如果所有人都主动杀人，那么社会就不可能存续，而拯救他人相对来说则没那么棘手。

还有些道德思维虽然不是适应的直接结果，但也是适应的自然延伸。对于某些现代社会才出现的犯罪形式（比如纵火和酒驾），我们的大脑还没来得及进化出不满，但是我们也会将这类行为视为不道德，因为它们都可以被归入“故意或过失伤害”的范畴。我甚至怀疑，人类赠送礼物的思维习惯其实也被编码在了我们的基因之中。我们从本能上知道该送什么样的礼物才妥当，我们在收到礼物之后会产生感激或失望之情。这些直觉和感觉（至少部分）可以通过进化得到阐释，而且原因不外乎地位、尊重和互惠原则。

但是性道德却与上述问题截然不同。我们很容易理解，任何经由性行为产生的生物都能进化出参与性交的欲望，还有对某些性行为的排斥——要么是因为这些性行为无法产生后代（比如人兽性交），要么就是因为这些性行为无法产生正常的后代（比如和父母、兄弟姐妹或者子女性交）。但真正困扰道德心理学家的问题并不是我们自己为什么想和某些人性交、不想和另一些人性交，而是我们为什么那么在意他人的性交对象。

比如说，同性之间的性交行为在世界上很多地方都是被严令禁止的，甚至可能会被处以死刑。在美国，只有在 2003 年“劳伦斯诉得克萨斯州案”（Lawrence v. Texas）以后，联邦最高法院才将与反鸡奸相关的法律判作违宪。在那之前，美国有 13 个州都出台了反同性性关系的法律。在那以后，仍有许多社会和宗教界知名人士继续公开反对同性恋，认为同性恋关系是不道德的，而同性恋者都是校园霸凌、性骚扰或者谋杀事件的受害者。在 2012 年 5 月的一次民意调查中，42% 的成年人认为“男同性恋和女同性恋关系”在道德上是错误的。

当然，过去的情况要比现在糟得多，仅以托马斯 · 杰斐逊为例——我在本书开头摘录了一段他关于人类道德本质的智慧箴言。1777 年时，杰斐逊为弗吉尼亚州起草了下列法案：“任何对男人或女人犯下强奸、重婚或鸡奸罪的人都应受到惩罚。犯罪者若为男人，应受阉割之刑；若为女人，则应在其鼻中软骨上打出一个直径至少半英寸（约合 1.3 厘米）的洞。”虽然我们现在认为上述惩罚无疑太残酷，但按照杰斐逊时代的标准来看，他几乎可以算是仁慈了。他的提议自然遭到拒绝，因为时人觉得这样还不够严苛。立法机构希望能对上述行为判处死刑，后来也确实颁布了这样的法律。

这里最值得注意的一件事是，杰斐逊把强奸罪和同性性行为（比如鸡奸）定为同罪。强奸当然是犯罪行为，原因显而易见；但是同性性行为则不然。

也许我们对同性性行为的道德非议其实扎根于文化传统。但要找出禁止同性性行为在文化方面的功能，并不是那么容易的事。有人可能会说，社会之所以反对同性恋，是因为异性性行为能生育后代，让族群更为壮大。但在生育后代数量的问题上，限制因素其实是女性，并不是男性。所以这条理论只能解释人们为何反对女性同性恋。另外，纵观人类历史，几乎所有文化都力图控制女性的性生活，而非男性。如果照此推理，那么道德谴责理应只针对女性同性恋，而非男性同性恋。

还有另一种性行为，同样也几乎遭到所有文化的谴责，那就是乱伦。不过人们对此往往能给出明确的解释。人类学家玛格丽特·米德曾经询问一名阿拉佩什（Arapesh）部落成员他对男人迎娶自己的姐妹有什么看法。他解释说，只有和家庭之外的人联姻才能缔结联盟："什么？你打算娶自己的姐妹？你到底出了什么毛病？你不想有一个姻亲兄弟吗？你难道没有想过，如果你娶了另一个男人的姐妹，再有一个男人娶了你的姐妹，那么你至少会得到两个姻亲？如果你娶了自己的姐妹，你就一个姻亲也没有，那么你要和谁一起打猎，和谁一起耕作？你又能去探望谁呢？"如果回到我们的社会，人们也总能提出其他理由，比如可能并非知情同意，可能会造成心理伤害，或者可能生出畸形后代。

虽然我们能举出各种合乎逻辑的原因来反对乱伦，但是我们对于乱伦的本能厌恶则来自内心深处。正如心理学家史蒂芬·平克指出的那样，青春期儿童的父母会产生各种担忧，但他们通常不会担心自己的孩子会偷偷和兄弟姐妹发生性行为。青春期儿童之所以不愿意和兄弟姐妹乱伦，并不是因为他们担心自己找不到姻亲一起打猎耕种，或者生出畸形后代。兄弟姐妹乱伦之所以很少发生，只是因为大多数人都不想和自己的兄弟姐妹发生性行为，就连这个想法都让人感到恶心。

我们可以通过进化来解释人类对于兄弟姐妹乱伦的厌恶。和自己的近亲生孩子显然是个糟糕的决定，因为他们的后代很可能会继承两组相同的等位基因，这些等位基因在单独出现时可能与人无害，但如果同时出现则可能造成危害。如果人们真的和自己的近亲发生性行为，那也常常是出于偶然。比如兄弟姐妹在童稚时期被迫分开，成年后相遇结婚，然后才知道他们其实是血亲。

曾在童年时代共同生活似乎是驱使我们远离乱伦的刺激因素之一。而且就算两人没有实际的血缘关系，也会对乱伦产生同样的反应。这就能解释继父和继女的关系了：在继女达到一定年龄之后才进入家庭的继父，比在继女还是婴儿时就来到她身边的继父，更有可能在继女长大后感受到性吸引力，也更有可能将她谋杀。（但我必须在此指明一个显而易见的事实：绝大多数继父母从未对他们的继子女施暴，不管是性骚扰还是别的什么，不管他们是否很晚才进入家庭。我们大多数人都是有道德感的生物，在欲望和行动之间有一条很大的鸿沟。）

但在这些解释中，没有一条能真正说明他人的乱伦行为为何会令我们如此反感。我们可以看看由乔纳森·海特精心构建的一个广为人知的假说。该假说小心地绕开了许多常与乱伦行为相伴而来的问题，比如强迫性性行为或者畸形后代的问题。

> 朱莉和马克是一对亲兄妹，有一次，他们趁大学放暑假结伴去法国旅行。一天晚上，他们俩单独待在海滨小木屋里。他们觉

得如果尝试一下做爱，一定非常有趣。至少对于他们俩来说，这都会成为一次新奇的体验。朱莉当时已经吃了避孕药，而马克为了安全起见也戴了避孕套。他们都很享受做爱的过程，但他们决定以后再也不这么干了。他们把那夜发生的事当作一个特殊的秘密，这秘密让他们变得更加亲密。你怎么看这件事？你觉得他们做爱是对还是错？

大多数人都认为朱莉和马克的行为是错的。但有趣的是，当研究人员要求他们阐述自己的判断依据时，大多数人都回答不上来——海特将这一现象描述为“道德错愕”（moral dumbfounding）。虽然他们解释不出来，但他们就是觉得这件事是错误的。

如果你不相信这类人为构建的假说，你还可以考虑一个真实的案例。2010 年，一位美国哥伦比亚大学的政治学教授被以“三亲等以内乱伦”[①]的罪名起诉，因为他和自己时年 24 岁的成年女儿在彼此知情同意的情况下发生了性关系。伴随法律诉讼而来的，还有遍布报纸、博客的耸人听闻的报道。人们纷纷要求将他革除教职。显然，很多人认为他的所作所为在道德上大错特错。

即使就算乱伦行为发生于知情同意的成年人之间，我们也可以从结果论的角度来阐释反对乱伦的法律。如果把自己的年幼子女视为未来性伴侣的行为得到允许，那就很可能会扭曲父母和孩子的关系。更宽泛来说，特定血亲之间存在某种特殊关联，这种关联与性关系无法共存，即使是在成年人之间也同样如此，所以这类性关系最好被严令禁止。但大多数人在表达自己对那位教授的反对时，可能并未考虑到上述种种理由。

① “亲等”是用于计算亲属关系远近的单位。每经一代为一亲等。第一亲等指父母、子女和兄弟姐妹。第二亲等指祖父母、父母的兄弟姐妹、兄弟姐妹的孩子，以及孙子女。第三亲等指堂表兄弟姐妹。——译者注

他们反对的理由仅仅是教授的行为让他们感到恶心。用《纽约每日新闻报》的话说，人们将之视为“一段病态的性关系”。也许我们确实能找到许多相当不错的理由来反对知情同意的乱伦行为，但如果我们不是一开始就对它产生了厌恶感的话，我们也不会那么快就找到理由。

厌恶敏感度因人而异

我们坚决反对的性行为正是那些令我们产生厌恶感的性行为，我不认为这是什么巧合。我认为，厌恶感正是我们解决性道德问题的方式之一。

我们天生就会对某些性行为产生厌恶感。而且如前所述，厌恶感能激发我们的排斥和抗拒。心理学家尼兰琼娜·达斯古普塔（Nilanjana Dasgupta）和她的同事们发现，观看令人厌恶的照片能让人们对同性恋的内隐态度变得更为消极。而我和心理学家约尔·因巴尔（Yoel Inbar）以及戴维·皮萨罗也通过合作研究发现，暴露于糟糕的气味，比如臭屁味之中，也能让人们对男性同性恋的态度变得更为冷淡。这些实验结果预测，个人厌恶敏感度的高低与他对同性恋行为的态度有所关联。

GOOD AND EVIL 实验室

为了验证这个假说，我和约尔·因巴尔、戴维·皮萨罗在美国成年人中选取了一个具有广泛代表性的样本，测量了他们的厌恶敏感度（但没有询问任何与性行为厌恶有关的问题）。我们发现，厌恶敏感度较高的人在许多政治问题上的态度也更为保守。而且如果政治问题与性行为有关，比如堕胎或者同性恋婚姻，那么上述关联会尤为强烈。就算我们把性别、年龄和宗教信仰因素排除在外，这一结论依然成立。

我们又做了第二组实验，这次耶鲁大学哲学家乔舒亚·诺比（Joshua Knobe）加入了我们的团队。我们测量了美国加州大学欧文分校和康奈尔大学学生的厌恶敏感度。这些学生普遍都高度崇尚社会自由；如果我们明确询问他们对同性恋的看法，他们往往不会表现出任何偏见。不过就连他们的厌恶敏感度评分也和他们对同性恋的内隐态度有关：厌恶敏感度越高，他们的内隐态度就越消极。

为什么这类性行为会令人反感呢？罗津和他的同事们认为，虽然厌恶感进化出来是为了保护我们的身体，但随着人类历史的发展，厌恶感也悄然发生了变化，由保护身体扩展为保护灵魂。我们现在自视纯洁高贵；如果有任何东西威胁到我们的自我形象，提醒我们自己不过是动物，我们都会对其产生本能的厌恶。所以若有人胆敢无视我们文化中的性行为准则，我们就会将之视为恶心和野蛮。“只要人类作出野兽般的行径，人类与动物之间的界限就会变得模糊，我们就会认为自己低下、卑劣，而且速朽（这也许是最痛苦的）。”

哲学家玛萨·诺斯鲍姆（Martha Nussbaum）与罗津的看法差不多。她认为，虽然（因粪便、血液等物引起的）“主要厌恶”确实由进化而来，目的在于引导我们远离污染物，但是由他人引发的厌恶感却源于我们贬低其他社群成员的欲望，是“优势群体采用的策略，意在把自己和自己所恐惧的动物性隔绝开来”。优势群体的逻辑大约是这样的：“如果把这些‘拟人类’置于我自己和令人厌恶的动物性之间，那么我就能更远离死亡、腐烂、发臭和渗液。”

但是我不同意他们的说法。他们的解释都太抽象、太理性。7 岁儿童一想到虱子就会感到恶心，偶然听到父母卧室里的动静就会因厌恶而喘不过气。他之所以会产生反感，并非因为他由此想到自己也是动物，或者因为他忧惧死亡。其实，我们对于动物性或者死亡的忧虑最初和反感没有任何关系。如果一切能提醒我们动物本质的东西都令人反感，那么进化树（evolutionary tree）和 DNA 双螺旋结构图也应该令人作呕，因为它们都赤裸裸地揭露了我们的生物本质。同样，死亡或许确实能给人带来恐惧和悲伤，但是它并不总会让我们感到恶心。死尸诚然令人厌恶，但是没人会在看死亡统计表的时候因厌恶而喘不过气。

性行为之所以会给人带来厌恶感，原因其实并没有这么复杂：性行为中有“身体”参与，而身体会令人反感。交换体液的问题所在，并不是它会让我们想起自己的肉体存在，而是体液本身会让我们产生“核心厌恶”。其他驱动则会禁绝或抑制这类“核心厌恶”，比如爱情或欲望。但厌恶才是我们对性行为的天然态度。

“洁净”的暗示力量

不过，罗津和诺斯鲍姆有一点说对了：我们对于“纯洁”的关心确实会影响我们的道德直觉。清洁身体是许多宗教仪式的重要组成部分，比如基督教和锡克教的洗礼。种种仪式无不暗示我们，身体洁净和精神洁净之间不无关系。我们在语言中也同样能发现这样的关联。比如“干净”和“肮脏”不仅能形容物体，还能形容名誉和政治。我们也会用“脏话”来形容冒犯的言辞，用“纯洁”来形容动机，凡此种种，不胜枚举。当然还有所谓“麦克白效应”。

GOOD AND EVIL 实验室

心理学家钟晨波（Chen-Bo Zhong）和凯蒂·李简奎斯特（Katie Liljenquist）进行了一系列研究，要求一部分参与者回忆自己以前做过的错事。这些回想起自己不道德行为的参与者会更渴望得到清洁类产品（比如肥皂和牙膏）；在挑选礼物的时候，他们也更可能选择消毒湿巾，而非铅笔。

在一项后续研究中，心理学家斯派克·李（Spike Lee）和诺伯特·施瓦茨（Norbert Schwarz）让参与者玩角色扮演游戏，他们需要通过语音或电子邮件向别人传达恶意的谎言。然后研究者要求他们对某些消费品做评估。那些通过语音邮件（用嘴）传达恶言的参与者更喜欢漱口水，而通过电子邮件（用手）传达恶言的参与者更喜欢洗手液。清洗身体确实能帮助我们减轻罪恶感和羞耻感，所以莎士比亚曾经写道，麦克白夫人在刺杀国王邓肯之后不断擦洗自己的手——他很清楚自己为什么要这么写。

在另一项研究中，钟晨波和同事们发现，如果能引发被试的清洁意识，他们就会对某些行为更加反感，比如看色情影片。这其实也很好解释，因为精神纯洁与身体洁净密切相关——正如同身体特别干净的人总担心弄脏自己的身体，道德纯洁的人也有理由抗拒道德污染。

GOOD AND EVIL 实验室

即使关于洁净的提示很不起眼，也能对人产生影响。心理学家埃里克·赫尔泽（Erik Helzer）和戴维·皮萨罗来到大学走廊，随机选择路过的学生，邀请他们回答一系列问题，其中几条与政治倾向有关。研究者发现，当时站在净手消毒液容器旁边的学生在政治问题上往往比其他人更为保守。

后来研究者又进行了第二次实验，不过这一次他们把学生带进了实验室。他们对一部分学生做了洁净提示——在实验室里贴上一个标语，写着“实验者们，请用消毒湿巾擦拭双手，以保持实验室清洁”，并且要求他们在使用键盘前拿湿巾擦拭双手。和那些没有看到洁净标语，也未被要求清洁双手的被试比起来，看到标语并受到要求的被试普遍认为自己在政治上更为保守，而且也更不认可那些可以被视作“不纯洁”的性行为，比如“一名男子在帮他祖母照管房子的时候，和女朋友在祖母的床上发生性行为”，或者“一名女子喜欢一边抚摸自己最爱的泰迪熊玩偶一边自慰”。

如果我们对洁净的关注度提高，我们对他人行为的道德判断也会受到影响，在性行为方面尤其如此。在上述实验中，人们对洁净的关注会受到不起眼的环境因素的影响，比如看到净手消毒液容器，或者用消毒湿巾擦拭双手。在现实生活中，各项社会性运动也常常依赖于“洁净”，不过提醒方式可就明显多了。虽然“种族清洗”这个词的历史并不久远，但是“种族清洗”的观念由来已久——人们可以拿玷污国家纯洁性为理由，把其他群体逐出家园。

事实上，现在大多数生活在地球上的人都接受了一套特别强调身体和灵魂洁净的观念和行为规范体系——我指的当然是主要宗教，比如基督教、印度教和犹太教。这正印证了人类学家理查德·史威德和他的同事们所说的“神性的道德”，其核心概念包括“神圣秩序、自然秩序、传统、圣洁、罪恶和污染”。难怪这些宗教都如此关注性行为的道德。

“性道德”算道德吗

如果我想的没错，那么人类对乱伦、同性恋、兽交等性行为产生的道德义愤并不是生物适应的产物。反对此类行为的人并不会比其他人留下更多后代，拥有许多反对者的社会也不会比没有反对者的社会更加昌盛繁荣。事实上，这种道德心理的来源更像是出于偶然。我们进化出来的生物系统目的本在于帮助我们远离寄生虫和有毒物质，而它刚好也会对性行为产生消极反应。在人类历史进程中，我们对性行为的厌恶又在各种文化传统（包括宗教和法律）的作用下得到强化、引导和认可。

我们对性行为的看法究竟是否可以算作“道德”？许多理论认为它不是。心理学家埃利奥特·图里尔（Elliot Turiel）把“道德”定义为“与人际关系有关的，关于正义、权利和福祉的规范性判断”。乔纳森·海特则将之定义为“相互连锁的价值观、美德、规范、传统、身份、制度、技术以及进化而来的心理机制；它们共同作用，以抑制或规范个体自利行为，让合作型社会成为可能”。我在前面几章里讨论的道德问题，比如同情、公平和惩罚，都能与上述定义完美契合。

但是，性道德与“正义、权利和福祉”无关，也不完全是“与人际关系有关”的问题。毕竟性道德不仅牵涉人类，还可能牵涉其他非人事物，比如动物、植物甚至矿物。而且我们的性道德明显也不具备“让合作型社会成为可能”的能力。人类之所以会进化出性道德，并不是为了这个目的（或者上述任何一种目的）。我们也没有理由认为，性道德在今时今地扮演了上述任何一种角色。

假设未来有一种传染性病毒，它会给人类带来某种特殊的影响——通过摧毁脑岛前区的部分结构让人无法再产生厌恶之感，除此之外，我们其他所有道德能力都完好无损。那么我们依然有能力判断出来，强奸和恋童癖之类的性犯罪都是错误的行为，因为它们的错误能够用普遍性的理由来解释。但是我们不会再对他人知情同意的性行为产生本能的“作呕”反应。如果上述设想变成现实，那么我们的社会就会解体吗？基本上没这个可能。

所以，从上述定义来看，我一直称为“性道德”的东西其实并不能算作“道德”。但这其实说明了我们对“道德”的定义并不完整。我们对有悖于社会规范的性行为的反应可能确实是意外产生的，但是它给我们带来的感觉和其他那些进化而来的道德反应并无二致。性道德也会让人产生内疚、羞耻和愤怒，会让人燃起惩罚的欲望。它也和其他道德限制一样，被写入法律、纳入习俗。比如《希伯来圣经·利未记》[①]上说，男性之间若发生性行为，应当被处以死刑；这条规矩紧接在咒骂父母（死刑）、亵渎神明（石刑）和祭司女卖淫（火刑）之后。这段话前面还有一句富有诗性的恳求，劝人以仁慈之心对待残疾人：“不可咒骂聋子，也不可将绊脚石放在瞎子面前。”部分当代法律体系虽然把同性恋之类的性行为禁忌纳入特殊考虑范畴，但仍将它们视为犯罪行为，就和谋杀或故意伤害没有任何本质区别。

还有很多人认为，同性性行为就应该被视为犯罪，而厌恶感则为我们提供了准确可靠的道德指引。外科医生及生物伦理学家利昂·卡斯（Leon Kass）在一篇文章中阐述了他所谓的“厌恶的智慧”：

> 厌恶并非道德论证；但人类过去厌恶的许多东西如今均已得到普遍接受——话虽如此，我也必须指出，上述转变并非总是好事。

①《希伯来圣经》，或称《希伯来语圣经》，一般指的是源于犹太教的《圣经·旧约》，或者犹太教的圣经正典《塔纳赫》（*Tanakh*）。——译者注

> 不过在某些关键情况下，厌恶其实是深层智慧的情感表达，它已经超过了理智所能了解的极限。难道真有人能通过道德论证来完美解释我们对父女通奸的恐惧吗（就算是在二人均知情同意的情况下）？或者和动物兽交、损毁尸体，抑或食人？又或者是强奸或谋杀？就算没人能用完全符合逻辑的道德论证来解释自己对上述行为的厌恶，是否就会让人对厌恶产生道德上的怀疑呢？显然不会。

但我并不这么看。我认为，从好的方面来说，我们与厌恶感有关的道德本能其实完全没有必要（我们确实有其他理由来反对强奸和谋杀）；从坏的方面来说，与厌恶感有关的道德感觉会给我们带来严重的伤害，因为它们会刺激我们制定出不合理的政策，或者为野蛮行为敞开大门。

就算我们对心理学或进化学说一无所知，我们只需要看看厌恶感的历史，就知道它作为道德指引有多么不可靠了。比如说在过去，许多美国人对异族通婚感到厌恶。他们的厌恶感就和我们现在很多人对特定人群或行为的厌恶感完全一样。既然厌恶感在过去曾经犯下不少错误，为什么我们现在就应该相信它呢？

不过我反对厌恶感的真正理由还不仅仅是它有时候会把我们带入歧途，毕竟世界上没什么东西是完美的，就连推理和共情也一样。我们很容易就能想出不少例子证明理性推导也可能让人得出存在道德缺陷的结论，共情反应最后也可能会演变成不道德行为。但理性推理之所以会出现错误，是因为它的假设错了，或者逻辑推导上存在问题；共情之所以会演变为错误，是因为它并不公平，或者仅出于个人主观判断，又或者违反了其他原则。但是厌恶感和它们不一样。要把道德判断建立在厌恶感之上，就如同把希望寄托于硬币。如果抛硬币得出了错误的结果，并不是因为你抛硬币的方式不对；它之所以会给出错误的结果，就和它有时也会给出正确的结果一样—— 一切全在于运气。

因此，厌恶和我们之前讨论的其他道德能力都不一样。人类的其他道德能力都有一个逐渐产生的过程，比如通过生物进化或者文化革新，而且这些能力都与自利个体如何跟其他自利个体融洽相处的问题有关。进化带领我们人类找出了一套解决方案——它让我们产生了道德情感，比如对痛苦之人的同情、对欺骗者和不劳而获者的愤怒，以及对良善之人的感激。这些解决方案是通过几千年的进化而形成的，帮我们解决作为生活在小型群体里的成员需要面对的问题。

然而，我们现在生活的世界已经和过去截然不同，我们可以在当前的道德基础上更进一步，跳出自身的局限，发展出更具普适性的道德原则。这样的道德原则必须反映出我们作为人类的理性和思考，而且也应为全体人类出于自身意愿而共同遵循。这才称得上是“智慧”。

JUST BABIES

第6章 我们是否真的能够对陌生人无私奉献

|道德有亲疏|

THE ORIGINS OF GOOD AND EVIL

第6章
我们是否真的能够对陌生人无私奉献

一位年轻女性遇到了一位比她还要年轻很多的男性，然后把他带回了自己家。这位男性有着严重的功能性障碍。他无法走路、无法说话，甚至无法坐立。他不能一个人独处，必须有人给他喂食、帮他洗澡。他还常常在半夜三更尖叫啼哭。在和他相处的第一年里，她一直睡眠不足、精神不振。尽管如此，这仍然是她生命中最重要的一段亲密关系，她甚至愿意为他去死。她花了很多年时间悉心养育这位男性。他慢慢学会了走路和自己上厕所，并会开口说话。在他们共同生活了十几年后，他开始对其他女人感兴趣，没多久便开始约会。他最终离开了她的家，和另一个女人结婚了。但是那位女性依然爱他，不断支持他，并帮助他抚育他的下一代。

如果那位男性是一名已经成年的陌生人，那么这位女性的举动要么被人视为圣举，要么被人指为疯癫。不过上面这段话描述的是一段典型的母子关系。从某种程度上说，一旦我们知道那位女性是男性的母亲，我们就会更有感于她作出的牺牲，因为我们会自动补足那些未道之事——如果他不是被领养的，那么她就用自己的身体孕育了他 9 个月，忍受不断袭来的痛苦、恶心和疲惫。然后到了生产的时刻，这过程不仅会带来可怕的疼痛，而且还可能会带来生命的威胁。接着，她可能还会用自己身体产生的乳汁来哺育他，短则数月，长可数年。

这就是艾莉森·高普尼克在《宝宝也是哲学家》中讲述的故事。她想要表达的观点是：家庭拥有特别的含义。一旦我们发现这则故事里的男女是孩子和母亲，我们对那位女性的行为的看法就会发生改变。如果她对自己的孩子不闻不问，不愿作出这些牺牲，像对待陌生人一样对他，那么我们中很多人就会认为她道德败坏，令人反感。如果把故事中的母亲换做父亲，我们也会产生同样的感受，只不过程度可能较轻罢了。

但在成人道德心理学领域，即使是最出色的理论，也很少涉及这类与家庭有关的道德判断。本领域大多数学者的研究重心都是人们如何理解道德判断，以及如何回应毫无关系的陌生人的举动，就连我自己也不例外。至于人们对父母子女、兄弟姐妹和其他近亲之间的交互关系的看法，我们往往鲜有论及。于是我们常会发现，在荟萃了学界顶尖学者论文的《道德心理学手册》（*the Moral Psychology Handbook*）的目录页上，根本就没有“母亲”、“儿子”或者“家庭”之类的字眼。

我觉得这是个错误。要想了解道德本能，我们就需要理解某些亲密关系的特殊地位。这就要求我们摆脱之前那些哲学假设的束缚，从进化论和婴儿研究的角度严加考察。

道德心理学vs.道德哲学

道德心理学和道德哲学之间的关系十分紧密。道德哲学家，比如康德、休谟，当然还有亚当·斯密，都可以被视为当代道德心理学的奠基人。而当代道德心理学领域的很多领军人物，也就是我在本书中提到的研究者们，都曾接受过一定程度的哲学训练。我们即将看到，就连道德心理学领域的理论、方法甚至实验性刺激往往也都直接取材于道德哲学。

不过，并非所有的道德哲学问题都与我们的研究工作有关。我们其实只关心道德哲学的一个特殊分支，这一分支主要讨论的内容是：什么行为属于道德义务、什么行为可做可不做、什么行为属于道德禁忌。该分支的哲学家又可分为两大派别，分别是结果论者（consequentialist，主张根据行为带来的结果来做道德判断，比如某行为是否能提升全人类的快乐总和）和义务论者（deontologist，主张人应遵循某些普遍的道德原则，就算它们可能会带来糟糕的后果）。

结果论者可能会争辩说，在某些特殊情况下，对他人施以酷刑是正确的行为（甚至是对无辜之人），只要这样做能给整体带来更好结果，比如它带来的快乐总和大于痛苦，或者它能拯救更多人的生命，又或者它能帮助更多人达成目标。（我之所以言辞含糊，是因为结果论者往往在哪种结果更重要的问题上莫衷一是。）义务论者则与之截然相对。部分义务论者坚持认为，对他人施以酷刑无论如何都是错误的行为，因为它违反了某些绝对的道德原则，比如“不得侵犯人类的内在尊严”。所以对这样一位义务论者来说，就算对他人施以酷刑能拯救 100 万名无辜者的生命，也是错误的行为，

道德哲学家的思考过程通常是这样的：他们会设计许多复杂的人为道德困境，然后借助自己的道德直觉来解决困境、完善理论。这和部分心理学家的做法很相似。不同之处在于，心理学家关心的是人们认为什么是正确的和错误的；而哲学家关心的是什么是真正正确和错误的。不过道德直觉有时也会自相矛盾：我们可能会觉得甲行为是道德的，乙行

为是不道德的，但其实甲行为和乙行为完全相同，只不过叙述的方式不同罢了。心理学家在讨论到这一步时会就此打住，把这种不一致性视为人类大脑的有趣真理，但是哲学家就需要继续研究下去。

不过，一名追求实际的道德哲学家也不能太偏离我们的惯常直觉，所以不会当真有人严肃对待这样一条道德理论：出于娱乐目的以酷刑折磨婴儿是一件好事。因为在我们思考对错善恶的时候，我们一般绝对不会想到这样的事，这似乎都不应算作是一条道德理论。为解决理论和实际之间的矛盾，讲求可行性的道德哲学家会求助于约翰·罗尔斯提出的“反思平衡”（reflective equilibrium）——在一般原则和具体情况之间进行反复权衡，保留某些道德直觉，忽略另一些道德直觉，最终达到一个平衡点。

有时候，道德理论确实可能得出悖于常理的结论，比如义务论哲学家康德会告诉我们，撒谎无论如何都是错误的行为。（无论如何都是错误的？就算纳粹跑到你家门口，问你阁楼上有没有藏着犹太人，你也不能撒谎？是的！）而功利主义哲学家边沁（Jemery Bentham）会说，对婴儿施以酷刑致其死命完全不成问题，只要这一行为能提升全世界的快乐总和就行，哪怕只有一点点。（婴儿？一个无辜的、幼小的婴儿？没错！）

现代哲学领域最有影响力的道德困境，是一系列关于“失控火车”的难题。哲学家彼得·恩格（Peter Unger）曾经提出这样一个情境：假设鲍勃拥有一辆珍贵、漂亮且昂贵的布加迪跑车，他非常以之为傲。但坏事突然发生了：

> 一天，鲍勃出门开车兜风。他把布加迪停在铁路岔道尽头，然后沿着铁轨散了会儿步。这时候，他忽然看到一辆失控的火车

> 正飞速冲下来，车上一个人也没有。他顺着车行方向望去，看到远处有一个年幼的孩子很可能会被失控的火车碾死。他无法截停火车，而且离那个小孩实在太远，不能向他发出警告。但是鲍勃可以扳动换轨闸，让火车驶向岔道——但是他的宝贝布加迪正停在那里。如果他这么做了，就没有人会受伤，但是他的布加迪将毁于一旦。
>
> 想到布加迪给自己带来的乐趣，还有它巨大的经济价值，鲍勃没有扳动换轨闸。那个孩子就此死于非命。在接下来的许多年里，鲍勃一直都在享受布加迪给自己带来的乐趣，还有它带来的物质安全感。

我们之前曾经提到，彼得·辛格提出过另一个版本：鲍勃正在湖边漫步，忽然看到一个小孩在浅水区溺水了。鲍勃几乎不用费什么力气就能下水去把小孩拉上岸，但这样一来他那双昂贵的鞋子就毁了。所以鲍勃走开了，任那孩子溺水而死。

这两个情景均经过巧妙设计，所以我们一眼就能看出来，鲍勃的行为显然是错误的，因为他袖手旁观。但现在我们不妨考虑一下其他涉及袖手旁观的事件。这世界上到处都有垂死挣扎的儿童，而鲍勃可以通过慈善捐款为部分儿童提供帮助，他只需要拿出比布加迪或者意大利皮鞋少得多的钱，就能挽救一条生命。恩格和辛格认为，鲍勃不愿为了救助那个将死的孩子而牺牲自己的爱车或昂贵的鞋子，这行为其实和他一开始选择买车、买鞋，而不是把钱捐给慈善机构挽救儿童生命，没有什么实质差别。也就是说，虽然人们往往认为，鲍勃摊上这样的事一定是倒了大霉，只能被迫在牺牲某样价值高昂的东西和任由他人死去之间作出抉择；但恩格和辛格认为，任何生活富足的人都会不断遭遇和鲍勃一样的道德困境。

你当然可以指出，上述二者之间存在许多差别。比方说，如果鲍勃没有扳动换轨闸或者走下水去，那么他将直接导致一名儿童当场死亡；但如果鲍勃不向慈善机构捐款，其行为产生的影响则不会如此集中。另一点是，在“失控火车难题”和“溺水难题”中，鲍勃是唯一能提供帮助的人；但在慈善问题上，除鲍勃之外还有其他许多捐助者。但是恩格和辛格认为，上述差别其实在道德上无关紧要。虽然我们对甲事件和乙事件的道德直觉不同，但如果究其本质，甲事件和乙事件其实没有任何差别。如果恩格和辛格是对的，那么我们就不得不质疑自己到底是不是真的拥有道德。如果不向慈善机构捐款就等同于眼睁睁看着某个孩子溺水而死，那么我们就需要认真反思一下自己的生活方式了。

道德心理学角度下看“电车难题”

道德哲学家还提出了另一系列与“失控火车难题”有关的案例，也同样在道德心理学领域影响深远。第一个是“换轨闸难题”：

> 一辆失控的电车正疯狂冲下铁轨，在它前面的铁轨上绑着5个人。你可以扳动换轨闸,让电车开到另一条铁轨上。但不幸的是，那条铁轨上也绑了1个人，如果电车换轨，就会致他死命。那么你是应该扳动换轨闸，还是什么都不做?

第二个是“天桥难题”：

> 一辆失控的电车正疯狂冲下铁轨，在它前面的铁轨上绑着5个人。此时你正站在铁轨上方的天桥上，旁边还有一个大块头的陌生人。你截停电车的唯一方法就是把那个陌生男人推下天桥，让他挡在电车前面。虽然他会因此死于非命，但是却能救另外5个人的生

命。（另外，你自己跳下去是没用的，因为你块头不够大，拦不住那辆电车。）那么你应该把那个男人推下桥，还是什么都不做？

上述两道难题的结果其实完全相同，无论是扳动换轨闸还是把人推下桥，都会拯救 5 个人，杀死 1 个人。但大多数人都会在直觉上认为二者并不相同：扳动换轨闸是对的，把人推下桥是错的。显然我们并不是天生的结果论者。在评判某个行为是否道德时，我们不会仅考虑结果。

部分哲学家认为，把人推下桥和扳动换轨闸的分别可以通过所谓"双重影响原则"（Doctrine of Double Effect，DDE）来解释。人们一般会把双重影响原则的理论渊源追溯至天主教哲学家和神学家托马斯·阿奎那（Thomas Aquinas）。阿奎那认为，这两者之间存在一个关键不同：在第一个案例中，杀害或伤害他人是为追求更大利益而无意间造成的结果（这样的行为可能在道德上是允许的）；在第二个案例中，杀害或伤害他人是为追求更大利益而有意为之的（这在道德上是不允许的）。

比如说，根据双重影响原则的说法，就算你明知炸毁敌人军事基地会杀死在基地中工作的无辜平民却依然采取行动，那么你的行为可能在道德上是允许的。也许你的目标是摧毁敌人的军事基地，尽快结束战争，从而挽救数百万人的生命。而军营中无辜人士之死则是"附带损害"，就和在"换轨闸难题"中死去的那个人一样。但如果你轰炸军事基地的目标之一就是杀害无辜人士，以此来威胁敌方投降（从而尽快结束战争，挽救数百万人的生命），那么从双重影响原则来看，这样的行为在道德上就是不被允许的，因为为了带来更好的结果，无辜人士需要死去，就像在"天桥难题"中被推下桥死去的那个人一样。就算上述行为的终极目标相同（赢得战争），甚至就连死难人数也一样，但根据双重影响原则，第二项行动要比第一项更恶劣。在第二个案例中，无辜者的死亡被当成结束战争的方式；但在第一个案例中，它只是附带产生的不幸结果。

最早涉足“电车难题”的心理学家是刘易斯·裴瑞诺维奇（Lewis Petrinovich）和他的同事们。在 20 世纪 90 年代，他们向一群大学生描述了两种道德困境，其中之一是“救生艇难题”：如果救生艇上共有 6 个人，但是救生艇只能载 5 个人，那么你会把 1 个人推下船去淹死吗？你又会选择推谁下船呢？另一个是换轨闸版本的“电车难题”。他们询问被试，如果独自被绑在铁轨上的那个人是一名美国纳粹党徒，他们是否愿意扳动换轨闸？如果他是世界上最优秀的中提琴家呢？又或者，如果它是一只大猩猩呢？

随后，哲学家和法学家约翰·米哈伊尔（John Mikhail）在攻读博士期间也进行了一系列研究，专门比较人们在“换轨闸难题”和“天桥难题”中的道德直觉。2001 年，神经学家乔舒亚·格林纳（Joshua Greene）和他的同事们在《科学》杂志发表了一篇论文。他们利用大脑扫描成像技术探讨人类在思考“电车难题”及类似道德困境时的思想活动。格林纳等人的论文在学界掀起一片“电车难题”研究热潮，引来无数心理学家、神经学家和人类学家前往探索。

时至今日，学者已经通过网络调查的形式，对来自世界不同国家、不同文化的数十万参与者进行了道德直觉评估，也把不同版本的“电车难题”抛向狩猎－采集社会的居民、心理变态者和遭受各种大脑损伤的病患。研究者发现，所有神经系统正常的人都能在道德上区分“换轨闸难题”和“天桥难题”。不只是经过学术训练的哲学家能够这么做，就连三岁大的孩子都知道其中差别：研究者为三岁儿童表演了改良版的“电车难题”（用乐高玩偶）。大多数三岁儿童都说，扳动换轨闸是正确的行为，把人推下桥则不是。

部分学者认为，这些发现说明了人类拥有一种普遍的道德能力，就如同人类拥有语言学家诺姆·乔姆斯基（Noam Chomsky）提出的“普遍语法”（universal grammar）一样。普遍语法理论认为，人类所有语言的语法规则都有一部分是相通的，而且先天就储存在了我们的大脑之中，包括几组不起眼而且十分抽象的规则。普遍语法理论与我们面对的道德问题似乎确实有不少相似之处。正如我们的很大一部分语言知识都深植于潜意识中（比如说所有人都能感觉出“约翰似乎睡觉”这句话明显存在语法问题，但只有真正的语言专家才能解释清楚我们语言直觉背后的语法原则），我们的很大一部分道德直觉也与我们的潜意识有关。

但是伊扎特·贾鲁迪（Izzat Jarudi）和我并不这么看。我们认为，语言和道德在很多方面截然不同。其中最重要的一点是，语法知识和人类情感并不相干。别人说的话可能会让你感到厌恶或愤怒，但是帮助你理解句意的语法原则本身则不涉及任何感情。当你在潜意识里分析动词短语的语法结构时，你的眼中并不会满含泪水。但是道德判断与之明显不同，因为它总与同情、羞耻和愤怒之类的情感紧密相连。

情感在“天桥难题”中的重要性显而易见。格林纳和他的同事们发现，虽然人们不太愿意亲手把胖男人推下桥，但如果在天桥上设置一个暗门，人们就更愿意打开暗门开关让胖男人掉到电车轨道上，挡住那辆失控的电车。从双重影响原则来看，这两个情景应该没有任何差别——它们都通过故意杀人来取得更好的结果，但是它们会给人带来不同的心理感受。格林纳认为，人们只要想到自己必须亲手碰到那个男人，把自己的双手贴在他背上用力把他推下桥，就会产生相当强烈的情感反应；但如果人们想象自己打开暗门开关，他们的情感反应就弱多了。因此，大多数人都觉得把胖男人推下桥是不道德的行为。我们在“电车难题”上的道德直觉还可能受到其他因素影响，现在还没有任何一种哲学理论能解释明白。

GOOD AND EVIL 实验室

有心理学家做了一个巧妙的实验，他们给故事的主角们赋予了种族，想看看这条线索会对结果产生怎样的影响。牺牲 1 个蒂龙·佩顿（Tyrone Payton）去拯救 100 名纽约爱乐乐团成员是正确的行为吗？牺牲 1 个奇普·埃尔斯沃思三世（Chip Ellsworth III）去拯救 100 名哈林爵士乐团成员是正确的行为吗？[①]保守主义者一般不会偏向于任何一方，但是自由主义者则具有明显的偏向性。他们更有可能选择杀死 1 名白人去拯救 100 名黑人，而不是倒转过来。尽管如此，他们在被问及的时候往往会明确声称种族因素不应纳入考虑范围之内。

在另一项研究中，研究者首先让被试观看一段来自《周六夜现场》（*Saturday Night Live*）的滑稽小品，然后再让他们考虑“电车难题”。研究发现，这会让被试更愿意把胖男人推到电车跟前。

但也有很多学者不喜欢“电车难题”匪夷所思和刻意造作的情节。哲学家凯姆·阿皮亚（Kwame Appiah）认为关于“电车难题”的论文实

① 佩顿和蒂龙都是常见的黑人名字。纽约爱乐乐团成员绝大多数都是白人。埃尔斯沃思和奇普都是常见的白人名字。哈林爵士乐团成员绝大多数都是黑人。——译者注

在太多，“让《塔木德》(*Talmūdh*) 看起来就像是《克利夫笔记》(*Cliff Notes*) [①]”。但几乎没人能够否认，“电车难题”确实是探索人类道德直觉的有力工具。正如格林纳所说，“电车难题”可能会成为道德心理学研究领域的果蝇[②]。

重新梳理道德心理学

哲学案例和心理学实验都很少涉及与家庭成员有关的道德直觉。不过道德哲学家也确实曾经借助“电车难题”及类似的道德困境，探索与亲密关系有关的道德问题。哲学家菲利帕·富特(Philippa Foot)在1967年首次引入“电车难题”时，本意在于探索人工流产的道德问题——如果母亲生命垂危，必须进行人工流产才能生存，但是流产必将导致婴儿死亡，那么是否仍应采取行动？哲学家一般认为，如果我们能把这些充满争议和情感冲突的问题简化为只涉及陌生人的道德困境，那么我们的思路就清晰多了。

鲍勃的“布加迪困境”也许也能为我们提供一些关于家庭的启示。过去，人们常常借用这个例子向社会发出警示：我们应当多关心那些身处远方的陌生人的命运。但是现在，就连结果论哲学家彼得·辛格都认为，有些选择虽然出于私心，但也不乏其合理性；因为最高效的解决方法往往是每个人都首先关爱自己，然后再推及自己亲近之人。亚当·斯密曾经漂亮地阐释了这一观点：“毫无疑问，每个人从本性上来说都会首

① 《塔木德》约成书于2~5世纪，记录了大量犹太教的口传律法和生活传统，是犹太教最重要的宗教文献之一。《克利夫笔记》是一套面向美国中小学生的文学导读读物，以通俗易懂著称，发行量极大。——译者注

② 果蝇，是遗传学领域最重要的模式生物之一，易于培养和繁殖，而且基因较少，是遗传学研究中一种最理想也最常见的实验对象。——译者注

先关心自己，而且主要只关心自己。因为他比其他任何人都更适合关心自己，这样做不但恰当，而且正确。他就应当这样做。”飞机安全须知告诉我们，在紧急情况发生时你应该先给自己戴好氧气面罩，然后再去协助你的孩子，因为这样做能在最大程度上保证每个人的安全。同理，每个人都首先照顾好自己和自己的家人，也许是让全人类快乐总和最大化的最好方法。

但是辛格认为，上述方法也有局限——我们留给自己和我们所爱之人的资源实在太多了。他认为，我们为了让孩子更快乐而为他们购买大量奢侈品，这是不道德的行为，因为同样的资源也能被用来拯救许多陌生人的生命。布加迪版的“电车难题”就以生动形象的方式说明了这一点。

这确实是一种道德哲学的研究方法：先通过思考陌生人的案例，发展出一系列基本和抽象原则（可能非常简单，就像结果论的核心原则那样），然后再把这些原则推广至家人和朋友。哲学家可能还会辩称，陌生人之间的互动关系才是最值得研究的问题，毕竟我们每个人都需要知道，我们该如何跟数十亿和我们共同生活在地球上的陌生人和平相处。所以，如果我们当真生来就对远方的陌生人没有道德情感，或者道德情感非常模糊，那么我们就需要哲学来进行干预了。至于亲密关系，则无须哲学前来帮忙。

但用这种方法来研究道德心理学则会出现谬误。从人类本能和人际互动来看，我们没有理由从陌生人开始研究，而把家人和朋友当作特例。这种研究方法违背了我们对人类道德进化起源和个人道德发展的一切认知。

假如我们可以从头来过，不把道德哲学当作道德心理学的基础；假如我们可以在进化生物学和发展心理学的基础上建立起我们的道德心理学，那么我们现在对道德心理学的认识将会非常不同。

首先，让我们来看看进化历史。道德的自然发展起源于家庭和部落中的小型群体，而不是我们现在这个常会遭遇数以千计陌生人的广博世界。我们该想象蛮荒之地的夏令营，而不是繁华的曼哈顿中城。因此，我们进化出了能帮助我们跟平时常见之人和谐相处的社会本能，而这些社会本能的用途并不在于指导我们与不知名姓的陌生人交流互动。由于我们常会与本群体内的其他成员发生长期、反复的接触，所以帮助他人的人会因为他人知恩图报而深感欣慰，也会因为好心不得好报而对他人施以惩戒或者刻意回避，而不具备这些情感的人就会失去繁殖优势。这也就解释了我们的大脑为何会像现在这样思考，这就是自然选择背后的逻辑。而且它还更进一步指出，如果对象不同，我们的利他主义和道德精神就应当发生变化——如果我们对待亲朋好友比对待陌生人更为友善慷慨，我们就会获得明显的繁殖优势，所以我们不难预测，这一思想倾向也会成为我们道德本能的一部分。

至于我们的道德本能和道德思维的确切起源究竟是什么，学者们仍然莫衷一是。有人提出，人类道德感的来源是合作行为能给我们带来益处，特别是在有亲属关系的个体之间。还有人认为，我们的道德认知是经由两个阶段逐步建立的：我们首先发展出原始的道德本能；然后随着社会逐渐扩张，我们又建立起一整套拥有特殊目的的道德规范系统。还有人就“群体选择”（即在群体层次上进行的自然选择）问题展开了讨论：群体选择是否在道德发展中扮演了某种角色？我们为何会产生惩罚背叛者、不劳而获者和其他败类的冲动？其进化根源究竟是什么？

人们在这些问题上一直争论不休。我们之所以会进化出惩罚他人的道德本能，是不是因为拥有惩罚者的群体比没有惩罚者的群体更具备生存优势（一种基于群体选择的观点）？或者是因为惩罚者对于其他人来说更有吸引力，因此可能获得更大的生存和繁殖优势（一种基于个体选择的观点）？或者说，“第三方惩罚”其实是人类的复仇本能带来的偶然结果（这是我在本书第 3 章里提出的观点）？上述种种问题都还没有找到答案。也许我们可以通过进化建模、文化和体质人类学，以及人类和动物实验研究，最终找到解决之法。

但也并非所有问题都有望通过进化理论得到解释。一切与道德起源有关的进化理论无不强调社群、友谊，特别是亲属关系的重要性。达尔文在谈到人类道德能力的起源时就曾经推测：“在地球上生存过的每一种动物显然都被赋予了社会性的本能，比如作为父母和作为子女的本能。只要其智力发展达到或接近于人类的水平，它就必然会拥有道德感，或称为‘良知’。”

现在再让我们来看看发展心理学。在一切生物之中，我们人类拥有最漫长的童年——我们在很长一段时间里都特别脆弱。因此，在父母和子女之间就产生了一条特别的纽带。这也许能帮助我们理解，为何人类的社交和道德生活要远比其他生物复杂得多。

部分学者尤其看重人类的童年时代。他们认为，人类的利他行为就起源于我们对自己那无助婴儿的关照。该理论还得到了不同寻常的支持证据：一种名为“催产素”的激素在人类发展过程中扮演了许多不同的角色。在女性的生产过程中，身体会释放出催产素，从而促进子宫收缩；在刺激乳头的时候，身体也会释放催产素，从而让母乳更快涌出。虽然催产素的主要作用是协助母亲生产和哺乳，但是它也会对人产生更广泛的影响。如果你体内拥有催产素，你就会感到平静、放松和舒适；在经济学博弈中，服用了催产素的人会更加信任他人，对人也更为慷慨。如果有谁拥有更容易吸收催产素的等位基因，那么他往往会更容易对他人产生共情之心，也更不容易受到压力影响。因此，催产素也被人称为“爱情激素”、“拥抱激素”、“人情味激素”和“道德的分子”。

当然，催产素给我们带来的脉脉温情并不能解释全部道德机制。比如催产素不能解释我们为何会捐钱给遥远他乡的陌生人，或者我们为何会对那些伤害他人的家伙感到异常愤怒。其实催产素引发的道德反应本就十分复杂，它既会让我们对亲近之人更加友善，但也可能会进一步加重我们的狭隘偏好。一项研究发现，在用鼻子吸服催产素后，你会以更积极的态度来对待自己的群体，但也更倾向于贬损其他群体的成员。

不过催产素仍然不失为一个绝妙的发现。催产素拥有多重作用，不单在生产和哺乳过程中扮演了重要的角色，还会影响人类的性生活和善心。它的发现无疑支持了我们先前提到的观点：我们的某些道德情感起源于母亲和孩子之间的特殊纽带。

人类道德生活图谱

不过，也并不是每个研究道德哲学的人都会把目光集中在抽象的哲学问题上。比如人类学家理查德·史威德就另辟蹊径，提出了另一个极富影响力的理论。他认为，人类拥有三种道德基础。第一种是自主性的道德，其核心在于个人的权利和自由。这一道德基础在西方社会一直占据主流地位，对于大多数西方哲学家来说更是如此。正是这种道德基础，让你想到“电车难题”之类的道德困境。但是除此之外，还有社会性的道德，其核心内容包括尊重、责任、等级制度和爱国情操，等等。还有第三种道德基础，那就是神性的道德，它重点关心的是污染和清洁、圣洁和神圣的秩序。

史威德的理论在心理学家乔纳森·海特的努力之下，得到了进一步延伸和发展。海特认为，人类拥有6种彼此独立的道德基础——关爱/伤害、公平/欺骗、忠诚/背叛、权威/颠覆、圣洁/堕落，以及自由/压迫。虽然这些道德基础都为人类所共有，但是它们的着重程度却会发生变化，就像均衡器上的参数一样，可以调成不同的“数值”。海特举例说，政治自由主义者会特别强调“关爱/伤害”和“公平/欺骗”，但会弱化其他道德基础；而保守主义者则会平均看待全部6种道德基础。这就是为什么保守主义者比自由主义者更尊重国旗（因为它和“忠诚”联系在一起），更相信儿童应当服从父母（“权威”），也更注重贞洁（“圣洁”）。

我也赞同他们的理论。但我认为，这些理论依然未能深入探讨家人和朋友在道德中所占的特殊地位。我自己描绘的人类道德生活图谱与史威德和海特完全不同，我会首先为道德判断和道德情感的施用对象排列出一个先后次序来。

第一类是我们的亲人。我们关心自己的近亲，对那些可能伤害他们的人感到由衷的愤怒。友善对待亲人是道德的最原始形式，它直接由自然选择进化而来；因为亲人拥有共同的基因，所以友善对待亲人就相当于友善对待自己。虽然其他物种也拥有亲属关系的纽带，但是人类给这条纽带赋予了新的意义——我们把亲属关系的纽带变成了道德。比如说，我们不仅加强了自己和父母子女之间的纽带，而且还认为其他人也应该拥有同样的纽带；我们会声讨那些不关心孩子未来命运的父母。还有一些道德原则仅适用于亲属，比如我们在前一章中讨论过的某些性生活方面的禁忌。

第二类是我们所在社群或部落的其他成员。我们不妨把他们称为“内群体”。内群体信守的道德观念也和亲属差不多，都与伤害、帮助、关爱和服从有关。我们之所以会进化出针对内群体成员的道德情感，是为了能够适应集体生活；而我们的祖先之所以会过上集体生活，是因为群体合作能够给所有人带来更大的共同利益。

同时，部分道德情感继续得到扩展以保护整个群体，比如我们应当尊重那些维护社群价值观的人，仇视异教徒和叛教者。又比如忠诚是美德，背叛是罪过——而且还是一个特别严重的罪过。在但丁笔下，地狱最深处的第九层地狱里关押的就是背叛者，而不是因欲望或者愤怒而获罪的人。①

然而，对内群体的忠诚有时可能会和对亲人的忠诚发生冲突。但丁认为，背叛亲人的罪名要轻于背叛朋友或政党。所以在他笔下，虽然该隐杀死了自己的兄弟亚伯，但是他受到的惩罚却轻于打开特洛伊城门、让希腊侵略者破城而入的安忒诺尔。当然，对但丁来说，最大的罪人无疑就是出卖了基督的加略人犹大了。

但丁是遵照宗教经文来写的《神曲》，而宗教经文往往会反复强调宗教内群体远比亲属关系更加重要。基督就曾在《福音书》中明确声称，他不会支持家庭，而是要取代家庭的地位：“我来，并不是叫地上太平，乃是叫地上动刀兵。因为我来，是叫人与父亲生疏、女儿与母亲生疏……

① 但丁在晚年创作的史诗巨著《神曲·地狱篇》中描绘了“九层地狱”，越往深处去，罪行越深重。这九层地狱分别是：未受洗者、纵欲者、暴食者、贪婪者、愤怒者、异端者、施暴者、欺诈者和背叛者。——译者注

人的仇敌，就是自己家里的人。爱父母过于爱我的，不配作我的门徒；爱儿女过于爱我的，不配作我的门徒。”我们也能在《希伯来圣经》中找到类似的说法：“你的同胞弟兄，或是你的儿女，或是你怀中的妻，或是如同你性命的朋友，若暗中引诱你，说‘我们不如去事奉你和你列祖素来所不认识的别神’……要用石头打死他。”随后，经文还给出了这样做的理由：“因为他想要勾引你离开那领你走出埃及地为奴之家的耶和华你的神。”

第三类就是陌生人——我们不会和他们发生经常性的社会接触，也不会将他们视为我们内群体的一员。如果说驱使我们对亲人产生道德感的力量是我们与亲人共享的基因，驱使我们对内群体成员产生道德感的力量是我们对共同利益的追寻，那么驱使我们对陌生人产生道德感的力量……从来不存在。虽然我们有能力判断陌生人的行为是好是坏，但我们并非天生就对陌生人怀有一颗利他之心，我们也并非天生就有善待他们的愿望。

且让我们来打个比方，考虑一下关于数字的心理学。人类和其他许多生物一样，天生就具备一定的数学理解能力。但正如心理学家卡伦·温所说，在我们刚出生时，我们的数学基础并不完善，比如我们的大脑不能理解“0”是什么。而且直到相对晚近的时代，才有人发现“0”是一个数字。而儿童也觉得“0”的概念很难理解。我们把陌生人纳入道德领域，就如同我们认识到“0”是数字一样，足以被视为人类的一项伟大成就。

陌生人的痛苦可能会让我们产生共情。如果你亲眼看到有人正在承受痛苦和压力，比如一个孩子因为受到狗群的攻击而高声尖叫，你很可能会深感不悦，就算你和此人素未谋面。就算是出生不久的婴儿也觉得看另一个人受苦本身就是一件非常痛苦的事；其他许多生物也同样如此，比如猴子和老鼠。但如前所述，共情并不等于同情，不一定会让我们产生伸出援手的愿望。生活在小型社会的成年人会对陌生人报以仇恨和厌恶，幼儿在偶然遇到陌生人时会变得极度焦虑；他们都会对陌生人产生恐惧，而非喜爱。虽然我们从婴儿和年幼的儿童身上看到了各种各样发自内心的善行，比如安抚、分享和帮助，但是他们只会把善意传达给家人和朋友。

当然，很多成年人都早已超越了人类最初的道德局限，就如同我们现在知道“0”是数字一样，不再认为陌生人无关紧要。但这得益于我们接受的教养和我们生活的社会；在我们刚出生的时候，我们对道德和数学有着与现在完全不同的理解。

亲属关系至关重要

亲属、内群体和陌生人的划分并非固定不变，许多道德说教的目的就是把人从一种类别变成另一种。一心想煽动种族灭绝的人会努力劝服他人：虽然某些人曾经被认为是“内群体”成员，但其实他们都是“陌生人”（比如20世纪40年代生活在德国的犹太人，还有20世纪90年代生活在卢旺达的图西族人）。想激励人们对远方人民献爱心的人则会朝另一个方向努力。他们会在宣传中采用大量图片、故事和个人资料，让远方人民看起来不再像是“陌生人”，而更像是我们“内群体”中的一员。数不清的研究发现，如果我们看到别人的面孔、听到他们的名字，我们真的就会更愿意帮助他们。

而关于亲属关系的比喻也同样拥有强大的力量：如果你想加强群体成员之间的纽带，你可以把该群体比喻成家庭、兄弟会或者姐妹会。很多社会都发明出某种“虚拟亲属”系统，把遗传学上毫无关联的个体描述或假想为血亲。我本人是在加拿大的蒙特利尔市长大的，我的邻居和我父母的朋友都被比喻成我的叔叔阿姨。我都不好意思说，我花了很长时间才终于认识到他们其实并不是我真正的亲属。

“虚拟亲属”也并不一定是由上至下强加于人的。作家蕾切尔·阿维夫（Rachel Aviv）曾经报道过一群无家可归的同性恋青少年的生活。他们住在美国纽约市的街道上，组成了精心构造的虚拟家庭。“母亲”和“父亲”这样的角色并不是由年龄决定的，而需仰赖于个人能力，以及他们是否有意愿成为别人的导师。这样的虚拟关系还可以得到进一步扩展，变得更加复杂。

阿维夫在文中提到，有一名无家可归的男孩莱恩当上了虚拟父亲，后来他教导的孩子又成为了别人的导师，所以他就成为了“祖父”。“‘同性恋家庭的美妙之处在于，你偶然走到联合广场，发现自己和那儿的人居然是一家人——你永远不是孤单一个。’他说，‘我可以随便走近一个陌生人，问他，他的同性恋母亲是谁。然后我就会发现——哦，天哪！他竟然是我的叔叔！’他又补充道：‘我们中很多人都失去了自己的亲生父母，而我们组成的同性恋家庭填补了这一片空白。’”

但是哲学家常常会忽视亲属关系的重要性，比如威廉·戈德温（William Godwin），他是一个坚定的功利主义者，也是《科学怪人》（*Frankenstein*）的作者玛丽·雪莱（Mary Shelley）之父。有一次，他让读者假设这样一个情景：你只能从大火中拯救一个人的生命。其中一个是一名杰出的大主教，他可以给成千上万的人带来快乐和智慧；另一个人是大主教的助手，碰巧也是你的父亲。戈德温认为，正确的答案应该是舍弃父亲。但对我们中的大多数人来说，我们并不会因为故事里的道德教化意义而感到振聋发聩，而是会觉得它太骇人听闻。正如亚当·斯密所说："如果一个人在面对自己的父亲或儿子的死亡和痛苦之时，竟然表现得和面对别人的父亲或儿子的死亡和痛苦一样，那么他显然不是一个好父亲，也不是一个好儿子。这是一种违反人性的冷漠，它不应受到我们的夸赞，只应引起我们最深刻的反感。"

跳出道德角度看"电车难题"

我想在本章结尾再次回到"电车难题"。大多数人都认为，应该扳动换轨闸，牺牲1个人的生命去救另外5个人。对于这种解决方案，有一个经典的解释：我们和边沁、约翰·穆勒（John Mill）一样，都是道德上的结果论者。如果我们不受情感因素的干扰，我们就会根据作出行为或者不作出行为给世界带来的结果来判断该行为是否正确。因为5人死亡要比1人死亡更严重，所以我们当然会作出那样的选择。

但也有人提出了另一种解释。我们在"换轨闸难题"中之所以会作出那样的直觉反应，也许并非出于道德原因。在那些案例里，当事人都没有名字，只有一个抽象的身份——也就是说，他们都是"陌生人"。也许正如理查德·史威德所说，我们在处理这类道德难题时，可能就跟做数学题差不多：数字1和5，孰大孰小？对于大多数选择扳动换轨闸的人来说，如果把人换成物品，问他们更愿意损毁1个还是5个，那么他们的思考方式也会完全相同。其实也确实有人曾经做过这样的实验：如果你把场景设置成"电车难题"，但在铁轨上放上茶杯，而不是人，那么被试往往也会选择扳动换轨闸，毁掉1个茶杯，保全另外5个。

第二种解释采用了完全不同的视角，不再把人视为道德上的结果论者。而且它还可以通过实验进行验证，因为道德判断不同于与道德无关的判断。比如我不喜欢葡萄干，这只是个人喜好问题，并不是我的道德态度，所以我不在乎别人是否喜欢葡萄干，我也不认为喜欢吃葡萄干的人就应该受到惩罚。我不会因为吃了一颗葡萄干就产生罪恶感，我也不敬佩那些阻止别人吃葡萄干的人。这些态度都是道德判断的标志特征，但是我对葡萄干的抗拒不满足任何一条。当然我也不喜欢杀婴行为，但这就是我的道德态度了，所以它拥有道德态度的全部特征：我认为其他人也不应该杀婴，杀害婴儿的凶手应当受到惩罚。如果我亲手杀了一个婴儿，我就会产生罪恶感，而且我也钦佩那些能够阻止别人杀婴的人。

我认为，我们对于“换轨闸难题”的直觉反应更类似于爱不爱吃葡萄干,而不是可不可以杀婴。人们可能认为扳动换轨闸是“正确的行为”，但这只不过是一个抽象的理性判断，而不是道德判断，所以很少有人会反对那些选择不扳动换轨闸的人，也很少有人会产生惩罚他们的欲望。毕竟，在现实生活中，我们也不会苛责那些没有为慈善事业贡献足够力量的人，就算他们任由陌生人死去；同样，在“电车难题”中，我们也不太可能会责怪那些选择拯救一部分陌生人生命的人，就算他们任由另一部分陌生人死去。

我们仍不知道，我们是否真能对 5 名陌生人之死和 1 名陌生人之死加以道德区分。没错，人们确实会把重心放在数字上——如果一定要让他们在 5 和 1 之间作出选择的话。但如果不存在数字上的强烈差异，那么数字对道德直觉的影响就微乎其微。在一项研究中，研究者让一组被试捐钱开发新药，拯救 1 名患病儿童的生命；让另一组被试也捐钱开发新药，拯救 8 名患儿的生命。结果显示，两组被试捐出的钱一样多。

如果数字很大的话，人们对数字也不会太敏感。假如你在报纸里读到，西非地区遭遇大干旱，新闻说可能会有 8 万人因此死去……或者 40 万……或者 160 万……这些数字在你看来会有什么分别吗？如果你听说 160 万人的生命受到威胁，那么你对灾民的关心就会是 8 万人时的 20 倍吗？或者两倍？更可能的情况是，这些数字对你来说不会造成任何影响。

从这个角度来看，人们在“换轨闸难题”中的典型反应反映出来的其实是他们的漠然态度，而不是道德之心。这也许能帮助我们理解一些奇怪的发现：大脑腹内侧前额叶皮质受损的病人往往会发生情感退化，变得跟心理变态者差不多。如果让他们来做“天桥难题”，那么和正常人相比，他们一般更愿意把胖男人推下桥。也就是说，他们会像处理“换轨闸难题”一样来处理“天桥难题”。而拥有边缘型精神特质的大学生也往往会作出同样的选择。上述发现常被批评者用来讥讽结果论主义者，因为它们证明，只有坏人和大脑受损者才会同边沁和穆勒一样，努力为最多人谋求最大幸福！

也有人提出，这些人并没有从道德上进行思考。他们无法像正常人一样产生同理心，他们思考“天桥难题”的方式就和普通人思考“换轨闸难题”的方式一样，只把它当作另一道数学问题。而 1 小于 5，所以他们当然会说：“把人推下桥。”

尽管如此，我们大多数人都觉得在“天桥难题”中不应该把人推下桥。虽然他确实是个陌生人，但他是个有血有肉的陌生人；杀死他 1 个去拯救另外 5 个人的生命似乎不再是一个合理的选择。我非常赞同乔舒亚·格林纳的说法：“天桥难题”能引发强烈的情感反应，把人推下桥并致人死亡的行为让人感觉很不愉快——让人感觉它的“错误”的。但在“换轨闸难题”中，我们就不会产生这种感觉。为什么会这样？我们的问题仍然悬而未决。为什么伤害一个和我们近距离接触的人就这么难？

可能我们已经对伤害无辜他人的行为进化出了一种特殊的反感。暂且把道德问题放到一边，把人推下桥这个行为本身就有可能给你带来极大危险。虽然被害者本来应该是那个陌生人，但最后你自己可能会摔下桥去做了替死鬼。就算你侥幸取得成功，你也得时刻提防受害者的家人和朋友，他们一定会来找你报仇，让你血债血偿。所以，如果从进化适应的角度来说，这种反感之情也能解释得通。不过还有另外一种可能：这是童年教化的结果；如果我们试图伤害周围的人，我们身边的成年人就会对我们的行为表示不满，甚至施以惩戒，久而久之，我们就被塑造出了特定的思维习惯。

无论如何，我们都不愿意杀死陌生人。而且正如我们将在下一章中看到的那样，我们一般还会友善对待陌生人，特别是那些可以被视为独立个体的人。

如果你告诉被试，一个小女孩需要依靠某种新药才能活下来，然后你把她的照片拿给被试看，把她的名字讲给他们听。那么现在被试就愿意捐出更多钱用于新药研发——事实上，他们为这个孩子捐的钱，比他们为救助 8 名不知道名字和面孔的孩子而捐的钱还要多出许多。如果我正在家附近的丛林中散步，忽然看到一个孩子在湖中溺水了，我一定会立马涉水去救他，就算这番举动会毁掉我的鞋子。而且我敢肯定，如果我真的面对“火车难题”，我一定会扳动换轨闸，让那辆失去控制的火车跑到空车道上去，救下那个孩子的性命，就算我知道这番举动会毁掉我的宝贝车（不过我的车不是布加迪，而是一辆 2005 年产的丰田 RAV4）。

但我们也不应该因为自己的道德力量而沾沾自喜。我每天都会从新闻中读到，在遥远的地方有无数陌生人正饱受痛苦的折磨，而且我知道我有能力改善他们的生活，但是我很少采取行动。如果我来到一座大都市，我可能会时常发现自己正面临和那个仁慈的撒玛利亚人一样的处境：我走在街上，发现有人瘫坐路边，也许是因为疾病，也许是因为饥饿……总之他急需帮助。如果我发现他是我的亲属，比如我的姐妹、我的父亲或者我的表亲，那么我一定会冲上去提供帮助；如果他是我所在的内群体中的一员，比如我的邻居、我大学里的同事或者和我一起玩牌的人，我也会提供帮助。但这样的情况很少发生。他一般都是一个陌生人，所以我一般都会掉头走开。你很可能也会做同样的事。

JUST BABIES

第7章

如何成为一个好人

|超越道德本能|

THE ORIGINS OF GOOD AND EVIL

第7章
如何成为一个好人

很多看似无私的利他行为其实都出于自利之心。急于否认这一点的人难免太过天真。常有人为慈善事业慷慨解囊，但大部分善款其实都没有给予最需要的人，而是捐给了可以给捐助者本人带来好处的项目。比如富有的父母会向顶尖高等学府捐赠数百万美元，目的是希望自己的孩子能去那里就读。而且正如社会学家索尔斯坦·凡勃伦（Thorstein Veblen）所见，慈善捐款是炫耀个人财富和地位的绝佳方式，也是吸引性伙伴和男女朋友的绝妙办法。在别人面前充分展现自己的慷慨和善心，绝对有利无弊。

迷一般的利他行为

人们确实也会无私帮助他人，就算不能给自己带来任何利益，比如以完全匿名的形式提供帮助。在此我们不得不提到耶鲁大学的心理学家斯坦利·米尔格拉姆（Stanley Milgram），他因“权威服从实验”而享有盛名。他把人们带进自己的实验室，通过实验发现很多人都会服从权威者的指示，对陌生人施以致命的电击。不过米尔格拉姆也对人类的善良意志感兴趣。他在1965年做了另一个实验。

GOOD AND EVIL 实验室

他准备了许多写好地址、贴上邮票的信件，把它们放在纽黑文市的各个角落，比如人行道、电话亭和其他公共场所。大部分信件最后都到达了它们的目的地。也就是说，纽黑文市的好心人把它们捡起来投到了邮筒里——这是一个永远不可能得到回报的小小善举。但是人们在表达善心时也有选择性。米尔格拉姆发现，如果信封正面写了某个具体人物的名字，比如“沃尔特·卡纳普”，那么这些信就更有可能到达目的地；但如果它们收信人是“纳粹党的朋友们”，它们就不太可能到达目的地。

在其他方面，我们的善良也显而易见。如今，大部分社会都不再通过摧残人类身体来施以惩戒——托马斯·杰斐逊当年曾经提议，对于犯了重婚罪的妇女，应“在其鼻中软骨上打出一个直径至少半英寸的洞”作为惩罚，但这条规矩已经不可能被现代社会采纳了。现在，人们对家庭的态度也已经发生变化——在很多国家，男人强奸妻子，或者父母毒打孩子，都不再属于合法行为。还有人特别关心动物的命运，甚至甘愿为其舍弃小牛肉片之类的美味食物，还有皮草大衣之类的舒适衣装。更有很多人坚信，每个人都应当享有言论自由和宗教自由。他们还坚持认为，奴役他人和种族歧视都是错误的行为。

有人把我们的善良当作神灵存在的证据。生物学家弗朗西斯·柯林斯曾经提出，这种先进的道德意识无法通过生物进化得到解释。他因此认为，仁慈的上帝一定给我们植入了某种道德密码。社会评论家迪内什·迪索萨（Dinesh D’Souza）认为，“高尚的利他主义”（对与自己毫无亲属关系之人行善，而不给自己带来任何基因上或者物质上的回报）如果借用 C.

S. 刘易斯[①]的话说，就是“我们灵魂中的上帝之声”。而自然选择的发现者之一阿尔弗雷德·华莱士（Alfred Wallace）也在1869年注意到，人类在许多方面都已超越于物种进化，其中就包括我们的“高级道德认知”。他因此认为，世间必然存在某种高于一切的智慧体设定人类发展的规律。

我们现在大可把他们的说法看作比喻，认为他们不过是用诗性的语言来表达人类在窥视自身惊人特质时感到的惊奇。但柯林斯、迪索萨和华莱士等人的话中并无隐喻，他们的观点已经表露无遗——他们坚持认为，上帝一定曾插手干预人类的进化发展，而且这事很可能就发生在过去数百万年里，发生在我们与其他灵长类动物分离之后。又因为我们的一切想法和抉择都产生于大脑之中，所以，在人类进化过程中的某一时刻，上帝一定曾重塑我们的大脑。既然如此，细心探索的神经学家就应该能在人类大脑中找出由上帝亲手重塑的那一部分，因为上帝的神圣杰作必然迥异于生物进化的平庸产物。如果柯林斯等人是对的，那么我们高度发达的道德特质就可以把我们引向科学史上最重要的发现——我们将取得决定性的证据，证明上帝存在。

但是他们的理论并不正确。人类发展出不以繁殖为目的的利他主义动机，其实完全符合生物进化的规律——就算某些利他选择会对我们自身或基因造成不利的影响，比如冒着生命危险去救助陌生人。毕竟自然选择并不能预见未来；它只能对当前环境作出反应，而无法预测未来的环境会变成什么样。所以就算人类现在会作出“不利于适应”的行为，也完全无悖于进化理论。

这一点在其他领域也显而易见。比如人类进化出性欲，本是为了激

① C.S. 刘易斯，英国作家，因儿童文学作品《纳尼亚传奇》而闻名于世。——译者注

励我们进行与繁殖有关的性行为。但是很多男性都会通过色情电影（或其他东西）来唤起性高潮，“白白浪费掉”自己的精子，完全无助于繁殖后代子孙。这种浪费资源的举动是不是一个进化上的不解之谜？或者它能否证明神灵曾插手干预？当然不。与之类似，人类也可以通过自然选择而发展出某些利他倾向，并被某些特殊情境激发出来——就算在这些特殊情境之下，利他行为不会给我们带来任何生物性上的好处。

但柯林斯、迪索萨和华莱士有一点说对了：人类的某些谜一样的道德意识并不是偶然产生的——它们似乎曾经过刻意设计，拥有某种特殊目的，需要仔细加以考察。正如我在本书中反复论述的那样，我们不应该把这些“高级的道德认知”看作人类本能的一部分。比如说，虽然我们现在认为奴隶制是错误的，但很难说这一认识与生俱来，因为仅仅在几百年以前，人们还不认为它是错误的呢；另外还有其他许多道德品质被很多人视为人类的先天禀赋，比如友善对待陌生人，但其实我们发现，婴儿和年幼儿童并不具备这样的天赋。

柯林斯等人关于道德的议论，就好像人类第一次看到眼镜时发出的惊叹——因为自然选择不可能创造出如此精妙的事物，所以这一定是上帝的杰作。但他们忘记了，还有第三个选项：是人类自己制造了眼镜。同样，我们强大的道德能力也是人际交流和人类聪明才智的共同产物。我们创造出来的社会环境可以把一个只拥有部分道德意识的婴儿，变成一个拥有强烈道德感的成年人。

习俗的力量

首先，让我们来考察一下习俗的力量。我在本书中论述的重点一直都是关于道德情感和道德判断的，但要让人行为良好，上述两条并非缺一不可。

我们可以想想给小费的问题。给小费纯粹是利他行为，因为它帮助了别人，却让我们自己蒙受损失，而且还不能给我们带来任何实质性的好处。但是这样一种利他行为却缺乏道德动机。人们往往会在桌上留下几美元，或者在刷信用卡的时候多付一点钱；但这时候几乎没有人会真的从侍者的角度想问题，想象侍者会因为没有小费而心生愤怒，所以不敢不留下小费；或者想象侍者在得到18%的小费之后满心喜悦，所以感到内心温暖。我们几乎没有人会在给小费的时候思考这一行为背后的道德逻辑，细思侍者报酬微薄，最后得出结论：我们确实应该多给他们一点钱。我们几乎没有人会产生“以他人为本”的道德动机。我们真正做的，不过是计算小费，然后把它留在桌子上；除了数字问题之外，我们不会再多想什么。

不过，这类不经思考的行为也可能是我们过去深思熟虑之后得出的结论。可能我们都曾经在某一时刻，思考过给小费背后的逻辑和道德，最后决定给小费是正确的做法。在一段时间过后，这片善心也就变成了我们的习惯。我们在进行较为复杂的活动时就是怎么做的，比如系鞋带——我们刚开始的时候会有意识地指挥自己的身体作出一连串动作，但不久之后我们的意识就会逐渐隐没，进入“自动驾驶”状态。也许这个理论也能推广到一般的道德行为。用亚里士多德的话说，良善之人的特征之一就是他们致力于把经过考量的善行变成无意识的习惯，让自己成为无须经过审慎思考就能作出正确选择的人。

但也有许多被认为是善良的行为其实是我们从自己的文化中习得

的；它们是我们的习俗，从未曾经过深思熟虑。就好像我们学习说话一样。当一个孩子第一次知道狗叫做“狗”的时候，他一般不会询问，狗为什么会有这样一个名字，或者为什么一切事物都非得有名字不可。这些都是值得思考的问题，在他长大以后也许会困扰他的头脑。但是年幼儿童必须学习几万个单词，而他们的学习方式就是单纯模仿他人说话，不会思考语言背后的逻辑。

其实，我们学到的很多东西从未经过有意识的思考。比如我自己深受童年教育环境的影响，在和他人相处时喜欢保持一定空间距离。但是我一般注意不到这一点，只有在我和童年教育不同的人相处时，我才会恍然发现。又比如我虽然知道某个事物的名字，但只有在听到说其他语言的人用不同名字来称呼这个事物的时候，我才意识到自己说的其实只是这个事物的英文名。

我们还可以回忆一下希罗多德讲的那个故事：大流士国王把希腊人和印度人召集到一起，希腊人会在父亲去世之后焚烧他们的遗体，印度人则会在父亲去世之后吃掉他们的遗体。两个族群都惊惧于对方的所作所为。因为他们相信，只有他们自己的风俗习惯才是对待死者的正确方式。他们之所以会这样认为，并非因为他们曾经比较过各种对待死者的方式，最后选定了其中一种，而是因为他们从未想过还有其他对待死者的方式。希罗多德在故事结尾这样写道：“由此可知，这就是习俗的力量。”因此他又将习俗称为“一切之王”。

对我们影响最大的是我们的文化习俗，也就是我们反复看到的行为。但就算是不常见的行为也有可能对我们产生影响。研究者曾经让年龄介于 6～11 岁的儿童看陌生人作出慈善行为，然后观察他们的行为变化。

GOOD AND EVIL 实验室

研究者让儿童玩保龄球游戏，以赢得某种奖励，比如可以用来换取奖品的代币。在游戏开始之前，儿童会看其他人玩保龄球游戏，可能是成年人，也可能是另一名儿童。然后他们看到，玩保龄球的那个人会把自己得到的一部分代币放入慈善捐助箱用来帮助穷人。研究者发现，表演者捐出的代币越多，被试儿童捐出的也越多。亲眼看到他人捐助慈善事业比平白游说给人带来的影响力更大——已经有不少研究发现，劝诫甚至可能会给人带来负面影响。

但是任何父母都会告诉你，儿童不只会向他人学习好行为，还会学到坏行为。如果“模范”们没有往捐助箱里放入任何东西，那么儿童一般也不会往捐助箱里放入任何东西——就算他们曾打算捐出几枚代币。有意思的是，有些研究还发现，与良善的行为相比，儿童更容易受到坏行为的影响。

GOOD AND EVIL 实验室

最近，心理学家彼得·布莱克和他的同事们做了一系列实验，他们请3~6岁儿童的家长把一部分资源分配给另一名成年人，让儿童在现场观看。他们的妈妈爸爸要么表现得特别自私（他们有10张邮票，但只给出去1张），要么表现得特别慷慨（把10张邮票中的9张都送了人）。然后轮到孩子自己把一部分资源分配给另一名儿童。如果儿童看到父母分配出去的资源非常少，那么儿童就更倾向于模仿父母行为，反之则不然。就好像他们有意为自己的自私自利寻找借口，而父母的坏行为正好为他们树立了“榜样”。儿童更容易受到坏行为的影响。

也就是说，人无须拥有太深刻的道德动机，只需模仿他人的良善行为，就能学会如何成为一个好人。但这并没有解决问题，只不过是把问题推远了：为什么他人会作出良善行为呢？如果说良善行为来源于习俗，那么这些习俗又是从何而来的？在 200 年前的美国，白人奴役黑人就是当时的习俗。其实当年甚至有很多人把奴隶制看作一项道德的制度——部分是因为《圣经》上有提及，部分是因为当时的人确实由衷相信奴隶制对所有社会成员来说都是最好的选择，甚至对于奴隶来说也是如此。在这样的社会中长大的白人儿童很容易吸收这样的观点，就像他学习说话、给小费和与陌生人保持一定距离一样。

不断扩张的道德圈

在谈到人类道德态度的变化时，我们可以通过所谓“道德圈”（the moral circle）来加以衡量。“道德圈”的比喻最早是由 19 世纪的历史学家威廉·莱基（William Lecky）提出来的，但它之所以取得如今的知名度，还得归功于彼得·辛格和他在 1981 年出版的著作《不断扩张的圈子》（*The Expanding Circle*）。“道德圈”里包含的都是我们关心之人，他们对于我们来说十分重要。

莱基认为，道德圈一开始很小，后来随着时间的发展，道德圈不断扩张：“人类最初降临于世的时候，他们的仁慈善心和自私本性比较起来，力量简直微不足道；而道德的作用就是逆转这一局面……仁慈善心曾经只限于家人，后来圈子逐渐扩张，首先扩张到一个阶级，然后扩张到一个国家，再后来扩张到国家联盟，之后扩张到全人类。最后，就连我们对动物的感觉也受其影响。”达尔文也赞同莱基的看法，他在《人类的由来》(*The Descent of Man*)中引用了这段话，并进一步观察到，在人类的发展过程中，我们的同情“变得更加温柔，范围也愈加宽泛，延伸至所有种族，延伸至低能儿、残疾者和其他对社会无用的成员，并最终延伸至低等动物”。

达尔文在文中特别提到“其他对社会无用的成员”，这让我们想到不少东西。第一点就是，1871 年迄今，我们对特定群体的称呼已经发生了巨大的改变——现在没人会随随便便地把精神和身体残障人士形容为“无用”了。第二点，也是更重要的一点，推动我们道德圈扩张的引擎绝不可能是纯粹的自利之心。道德圈扩张并不一定能给予我们什么物质回报，更加关心“低能儿”和“残疾者”并不能给我们带来利益。

但有一种力量确实可以扩张道德圈，那就是个人接触——如果一群地位平等的人心怀同一个目标，并共同为之努力，那么他们之间的个人接触往往就能消除偏见。军队和运动队就是两个最常被人列举的例子。而在 20 世纪 50 年代也有不少研究证明，在其他许多情况下，个人接触也拥有强大的力量，比如居住在废除种族隔离制度的公共房屋里的白人家庭主妇，或者分配到黑人搭档的白人警官。所以说，父母试图通过把孩子送入种族多元化学校来熄灭孩子心中的种族主义苗头，其实也不无道理——因为在适当的接触条件下，孩子会扩张自己的道德圈，把其他种族的成员也包括进来。

道德圈扩张的另一个重要因素是“听故事”。哲学家玛萨·诺斯鲍姆曾解释过听故事的重要性：故事如何帮助儿童对他人产生共情，并最终认同他人——虽然他们的观念和身份可能和儿童自己大相径庭。她说道：“我们身边随处可见‘人形事物’，但我们和他们又有什么关系？……童年时代听过的故事教导我们，应当掀开面具去了解生命的本质，了解隐蔽在外形之下的内心世界。久而久之，听故事就会让我们养成习惯，猜测他们的外形其实和我们差不多，无非都是感情、愿望和心智的容器，而这些内在东西在某些方面也和我们差不多；听故事还会让我们养成另一种习惯，认识到不同的社会环境会对内心世界加以不同的斧凿。”

不过要想理解他人想法，听故事也并非必不可少。如前所述，就连一岁儿童也知道自己周围的“人形事物”拥有和自己截然不同的情感、愿望和心智。但是诺斯鲍姆谈论的是“习惯”，而不是“能力”。所以我们确实应该认真考虑一下她的观点，也许听故事真能让我们更习惯于理解他人的想法。另外，我们身边还有许多一般不会顾及的“人形事物”。比如我过去几乎从未想过，单独监禁的囚犯将会承受怎样的痛苦，但在我读了一篇震撼人心的新闻报道之后，我的感受就不一样了。

故事不单可以通过一个又一个的案例来激发同情，还可以引导我们质疑自己的道德原则和行为习惯。正如心理学家史蒂芬·平克所说：“通过外国人、探险家或历史学家的描述来观察他们眼中所见的世界，可以把你心中毋庸置疑的规范（‘就应该这样做’）变成局外人的冷眼旁观（‘我们部落现在碰巧这样做’）。”希罗多德之所以要讲述那个关于希腊人和印度人的故事，也是想表达同样的观点。旅行能开阔视野，而阅读文学作品亦是一种旅行。

不过也有人提出反对，认为这个解释忽略了文学作品中的道德复杂性。文学评论家海伦·文德勒（Helen Vendler）写道：“艺术作品拥有复杂的心理和道德动机。对于任何深明其妙的人来说，把虚构小说当作道德兴奋剂或者道德催吐剂，都是不能容忍的。”法学家理查德·波斯纳（Richard Posner）也指出，很多伟大的文学故事表达的价值观都极为可怕，比如《伊利亚特》中描写的强奸、掠夺、谋杀、人畜献祭、纳妾制和奴隶制，以及莎士比亚和狄更斯作品中描写的反犹主义、种族主义和性别歧视；凡此种种，难以计数。波斯纳因此总结说："文学世界就是一个道德混乱的世界。"

他还注意到，几乎没有任何证据显示，经常读书的人会比其他人更加善良。比如纳粹党人中很多都以有文化修养闻名。据说约瑟夫·戈培尔（Joseph Goebbels）[①]就很喜欢古希腊悲剧。不过有些心理学家可能会提出反对，因为最新研究发现，经常阅读虚构小说的人，在社交技能方面要比偏爱阅读非虚构作品的人稍微强一点。

但就算这种关联性确实存在，也并不意味着经常阅读小说的人就比其他人更善良。而且我们也不清楚究竟是什么造就了这种关联性；也许并不是阅读小说让人变得更善于交际，而是善交际的人更喜欢阅读小说。女性阅读的小说比男性多，也许是因为女性从某些方面来说比男性更善于交际。我们实验室以前的一位研究生珍妮弗·巴恩斯（Jennifer Barnes）曾经对此问题进行深入研究。她发现，因为患有轻度自闭症而缺乏社交能力的成年人对小说的兴趣比正常人要小。尽管我们已经证明，一个人的社交能力和共情能力确实会影响他对小说的兴趣，但我们还不能完全肯定这种影响是否也能反过来进行。

不过，在正确的时间阅读正确的小说确实能对人产生影响。有不少重要的历史证据指出，文学、电影和电视剧之类的东西确实曾经影响过人类历史的走向，这也许能帮助诺斯鲍姆反驳波斯纳的观点——也许纳粹分子确实读了不少书，但是他们没有读"正确"的书。哈丽雅特·比彻·斯托（Harriet Beecher Stowe）在1852年出版了《汤姆叔叔的小屋》。

① 约瑟夫·戈培尔，纳粹时期的国民教育与宣传部部长。——译者注

这是 19 世纪最畅销的小说之一，曾帮助白人从黑人奴隶的角度来反思奴隶制，在改变美国人对奴隶制的态度方面扮演了非常重要的角色；而狄更斯的《雾都孤儿》则促使 19 世纪的英国人努力去改变贫民区儿童遭受的厄运；亚历山大·索尔仁尼琴的作品让人见识到古拉格劳改营的恐怖；《辛德勒的名单》和《卢旺达饭店》之类的电影则扩展了我们的认知，让我们了解到他人的苦难（可能是生活在过去的人，或者是生活在其他国家的人）——而在日常生活中，我们可能永远不会碰见他们。

让我再来举个更近一点的例子吧。请想想最近几十年来，美国人对少数族裔和性小众[①]的态度发生了多么激烈的转变，而这一变化在很大程度上要归功于电视——我们经常会把自己喜欢的电视节目里的角色当作我们的朋友。成百上千万美国人都会定期收看《考斯比一家》（*The Cosby Show*）[②]和《威尔和格蕾丝》（*Will and Grace*）[③]之类的电视节目，他们也就常常会接触到节目里那些快乐风趣、毫无威胁感的黑人和同性恋者。电视节目也可拥有不容小觑的力量；过去 30 年来，美国人道德变化背后的最大推动力也许就是情景喜剧了。

当然我也得承认，这只是我的直觉而已；但我可以从其他国家找到佐证——电视机的出现会对当地的道德信仰产生显著的影响。罗伯特·詹森（Robert Jensen）和埃米莉·奥斯特（Emily Oster）发现，在印度农村地区居民开始安装有线电视之后，去学校读书的当地女性更多了，婚姻暴力变得更难以被人接受，就连生孩子重男轻女的观念也得到减轻。詹

① 性小众，又名性少数，包括同性恋者、双性恋者、跨性别人群和双性人群。——译者注
②《考斯比一家》是一部上映于 1984—1992 年的美国电视情景喜剧，讲述了一个住在纽约市布鲁克林区的中产阶级黑人家庭的故事。——译者注
③《威尔和格蕾丝》是一部上映于 1998—2006 年的美国电视情景喜剧，是美国历史上第一部在黄金时段面向全国播出的以同性恋为主角的电视剧。——译者注

森和奥斯特认为，上述变化都可以归功于肥皂剧——人们在安装电视后常看肥皂剧，而肥皂剧往往表达的是更具世界性的普遍价值观。科学家在巴西和坦桑尼亚也发现了类似的现象。

不过，没有任何一条自然法则指出，故事向我们传达的信息在道德上就一定是良善的。有些故事可以扩大我们的道德圈，因为它们会让听众从他人的角度思考问题；但也有些故事会缩小我们的道德圈，因为它们会把“内群体”之外的人描述成邪恶或令人厌恶之辈。我们既有《汤姆叔叔的小屋》和《辛德勒的名单》，也有《一个国家的诞生》（*Birth of a Nation*）①和《锡安长老会纪要》（*Protocols of the Elders of Zion*）②。任何关于道德变化的理论都必须解释，为什么扩大道德圈的故事要比缩小道德圈的故事更畅销？而且归根结底，我们为什么要创造出表达善意的故事呢？

宗教信仰与道德的关系

如果不讨论宗教，那么任何关于道德问题的讨论都不能算作完整，因为很多人把宗教当作推动道德进步的最主要力量之一。

事实上，很多人（特别是美国人）的想法更加激进，认为除非你信仰上帝，否则你不可能成为好人。很多美国人声称，他们在总统竞选时绝对不会投票给无神论者，就算无神论候选人在其他方面毫不逊色——

① 电影《一个国家的诞生》又名《同族人》（*The Clansman*），上映于1915年，是美国历史上最具争议性的电影之一。它以美国南北战争为背景，提倡白人优越主义并美化3K党。——译者注

②《锡安长老会纪要》是出版于1903年的一本反犹书籍，描述了所谓“犹太人征服世界”的阴谋。——译者注

事实上，无神论者在总统竞选中的地位还比不上摩门教徒、犹太人和同性恋者。如果你问美国人他们认为自己对美国社会的看法和谁最相似，他们会把无神论者排在最后面。美国人认为无神论者自私自利，而且道德不良；他们既是潜在的罪犯，也是傲慢的精英。

还有人认为，就算不信仰上帝的人可能成为好人，但也和宗教脱离不了干系——他们一定是在宗教社会中长大的。哲学家和法学家杰里米·沃尔德伦辩称，很多指引我们关心他人的关键道德洞见都来源于几大一神教信仰的教诲："西方宗教最伟大的成就之一就是挑战富足人群有限的利他主义……映入我脑海的，是《律法书》(*Torah*)里的诫令，是《先知书》(*Prophets*)里坚定不移的教条，是《诗篇》(*Psalmist*)里的优美诗文。它们专门攻击那些刮取民脂、对陌生人见死不救，以及驱逐流浪者的人。我还想到耶稣基督的教诲，还有他在遇到边缘人和受歧视之人时为我们作出的榜样。他让人们甘心情愿把食物送给饥饿的人、把衣服送给衣不蔽体的人、收留陌生人、探访监狱里的人，并把这当作'认出耶稣'的条件。"

如果沃尔德伦是对的，那么宗教至少能部分解释道德圈为什么会扩大。但也有不少学者持反对意见，其中的代表就是克里斯托弗·希钦斯(Christopher Hitchens)[①]。他认为，宗教"充满暴力、缺乏理性、偏执狭隘；宣扬种族主义、部落制度和盲目跟从；愚化民众、仇视自由探究精神、蔑视女性，而且还以粗暴手段对待儿童"。

但任何一位冷静的观察者在摒除偏见之后也不得不承认，我们现在赞扬的许多道德运动，比如建立大型国际性慈善机构和美国民权运动，

① 克里斯托弗·希钦斯，美国当代作家、演说家和无神论者，著有《上帝不伟大》(*God Is Not Great*)等书。——译者注

无不以宗教信仰作为依据，同时也得到了宗教领袖的支持。但同样显而易见的是，人类历史中某些最惨绝人寰的暴行也源于宗教信仰。支持宗教的人当然可以遍阅《圣经》，引用那些充满智慧的话语；反对宗教的人也完全可以滔滔不绝，背出大段大段在如今看来道德堪忧的经文。事实上，某些经文反映的道德准则极其残忍。比如《圣经》里有一个故事讲到，一群“童子”取笑先知以利沙的秃头（“秃头的上去吧”），以利沙便诅咒他们，于是从林中跑出两只母熊，“撕裂他们中间四十二个童子”。

宗教对于我们人类来说，应该算是“净收益”，还是“净损失”？这个问题一定有个答案，只不过没人知道那是什么罢了；我甚至不敢肯定，是否真有人能找出答案。这是因为宗教无处不在。现在（就我们所知，在过去任何时代也一样），信仰宗教者甚多：我们中的很多人都信仰一个或多个上帝，相信某种“来世”观念。我们很难把宗教的影响力从人类社会中完全分离出来，要评估学者对非宗教社会和单独个体的论断，也因此变得尤为困难。

世界上当然有许多道德高尚的无神论者，但也许他们的高尚道德正来源于他们所在社会的宗教信仰。世界上当然还有许多道德高尚的国家，其人口组成绝大部分都是无神论者，比如丹麦。但这样的国家往往在几代之前还普遍信教，所以也许他们的美德继承自过去的宗教传统。如果你要问“若没有宗教，人类将会变成什么样”，就好像是在问“如果我们有三种性别而非两种，人类将会如何”，或者“如果我们会飞的话，又将会如何”。

不过在另一个更实际一点的问题上，我们的运气可能会稍微好一点：在一个社会中，信仰宗教的人是否比不信教的世俗之人更有道德呢？很多研究者都曾探究过这个问题。但他们的主要发现是：有研究价值的发现实在太少了。有时候他们确实会找到些微差异。比如有些研究发现，信仰宗教的人比其他人要多一点偏见。但若排除年龄和政治态度等其他因素，仅保留“信教”这一单一变量，那么关联性就非常小了。而且只有当研究者以特定方式评估人们的宗教信仰时，才可能发现上述差异。

但如果我们就此得出结论，认为宗教信仰与道德毫无关系，那么似乎也不妥当。一般而言，所有宗教都会提出明确的道德要求，内容涉及堕胎、同性恋、对穷人的责任和自慰等，几乎无所不包。所以，宗教信仰理所当然会对追随者的心理产生一定影响吧？

也许确实如此。但还有另外一种可能：宗教信仰并非道德信念的来源，而是道德信念的反应。美国记者和学者罗伯特·赖特在《神的演化》（*The Evolution of God*）一书中为这一观点做了有力的辩护。赖特对我们之前讨论过的“道德圈”扩张和收缩特别感兴趣，所以他研究了一神论宗教对异教人士的态度产生了怎样的影响。赖特认为，宗教态度的改变其实反映了更大范围内的文化变迁。在道德圈收缩时——或许因为战争，或许因为其他外部威胁，人们“倾向于用经文来支持自己迫害异端、侵犯他人”；但在道德圈扩张时，“人们更有可能认为经文强调的是宽容和理解”。如果我们认为道德变化是由经文造成的，那就无异于本末倒置，把飞机失事归咎于报纸头条。

但这也并不一定意味着宗教信仰本身就与道德全然无关。宗教信仰可能是道德的“加速器”，是自我强化系统的组成部分。如果个人或社会倾向于仇视某一群体，比如同性恋者，那么他们可能会从宗教条文和宗教领袖的话语里寻求支持；一旦他们找到支持佐证，就更巩固了自己的仇恨，并使仇恨进一步得到加深。如果人们倾向于同情和公正，那么他们也能通过这种方式来寻求支持。正因如此，宗教可以为各种观念提供基础，其中当然也可能包括世俗之人眼里的正面道德。

被忽视的理性

我们已经探讨了一些能推动道德变化的因素。但到目前为止，我们一直都没有考虑许多道德抉择的复杂性。而在道德圈的问题上，这一点尤为重要。我们往往跟莱基、达尔文等学者一样，想当然地认为道德圈越大越好。有人甚至可能会说，人类目前面临的最大问题就是我们的道德圈实在太小了。但这一出发点其实似是而非。

其实我们不难发现，道德圈不一定越大越好。比如我们是否应当把道德圈扩大到胎儿，认为他们在道德上等同于儿童？那么胚胎呢？受精卵呢？有人可能会一路说“是”。也确实有很多人认为，如果社会拒绝为这些个体提供保护，不能让其免受伤害，那么从道德上来说就是错误的，甚至无异于屠杀犹太人。既然如此，非“人”的动物又如何？在16世纪的巴黎，人们认为把猫放到火上烤是一种可以接受的大众娱乐方式。一位历史学家写道：“动物被烧焦、烤熟、最后碳化，它们发出痛苦的嘶嚎。与此同时，包括国王和王后们在内的观众全都哄堂大笑。”我们现在已经不这么干了。那么下一步是不是就应该停止猎杀动物，不再食用动物，也不再拿它们来做医学研究？有人可能依旧会一路说“是”。那么我们是否也应该小心对待和保护表皮细胞？还有个人电脑？或者病毒？

我们会很快发现，并非所有东西都有道德分量；道德圈如果过大，会让那些本应享有道德权利、拥有道德价值之人的生活变得更加糟糕。如果人们以对待儿童的方式来对待受精卵，就可能会伤害怀孕的女性；如果我们不对非人动物做医学实验，就可能会阻碍科学家治疗人类的疾病。这些都是我们不得不面对的道德困境。

之所以会出现这些问题，说明我们的理论里还缺少了一样东西，那就是“理性”。在我们思考道德问题时，我们会谨慎推理，寻找矛盾之处，并探索种种推论。在观点发生冲突的时候，我们还会看它们是否能准确捕捉到我们对特殊情境的直觉反应（不管是真实情境，还是思想实验），然后作出评估。我们在思考上述问题时运用的理性思维能力，与我们在发展科学理论和处理实际问题（比如做生意或者计划去何处旅行）时运用的能力并无二致。有些人的理性思维能力可能更强，但是我们所有人都拥有这样的能力。在历史发展过程中，它推动道德不断进步：正如我们用理性思维能力作出科学发现，比如证明恐龙、电子和病菌的存在，我们也能运用理性思维能力作出道德发现，比如认识到奴隶制是错误的。

我知道，这个观点对于某些人来说可能太古怪，而且肯定不受欢迎。当代心理学和神经科学的主流思想就是淡化理性思考，强调直觉感受和潜意识动机。政治和文化评论家戴维·布鲁克斯（David Brooks）在他的畅销书《社会性动物》（*The Social Animal*）中，用精妙的言辞为当前的学术主流做了一番精彩辩护。他辩称，对人类来说，真正重要的并不是冷血的理性，而是理性之下的东西：“情感、直觉、偏见、渴望、遗传倾向、人格特征和社会规范。”他还告诉我们，心理学和神经科学“提醒我们，情感比纯粹的理性更为重要，社会关系比个人选择更为重要，性格比智商更为重要”。

在道德心理学研究领域，理性的衰落尤其富有戏剧性，这在很大程度上可以归因于心理学家乔纳森·海特进行的一系列研究。他在 2001 年发表了一篇经典论文，辩称“道德理性不是道德判断的产生原因。恰恰相反，道德理性往往是‘事后辩护’；在人作出道德判断之后，才随之产生”。他认为，道德理性是由道德直觉推动的，而且这一点“就如同狗摇尾巴一样确信无疑”。

不过布鲁克斯也很清楚，我们有时也会运用自己的智慧来驾驭本能；海特也承认，部分专业人士（比如职业哲学家）有时也会进行道德思辨——虽然没有人坚持认为理性对于道德来说至关重要，但是他们最后也都承认，理性在道德舞台上确实占据了一席之地。这一结论把当代心理学和道德哲学领域的一个重要流派紧密结合在了一起，我们仿佛听到大卫·休谟振臂疾呼：“理性是而且只应当是激情的奴隶，除了服务和遵从热情之外别无他责。”

我承认，休谟这番话有一部分是对的。如前所论，如果我们并非生来就拥有关心他人的念头，那么我们压根不可能成为有道德的人。除此之外，某些道德判断（比如本书第 5 章讨论的那些与厌恶感和洁净有关的内容）显然不是理性思考的结果；而且正如海特注意到的那样，我们对这些道德判断的解释往往无异于“事后辩护”。一般而言，我们的道德判断和道德行为会受到诸多因素影响，有时候我们甚至未曾注意到它们的存在：比如洗手（让我们想起洁净）会让我们更倾向于表达道德上的反对，看到凌乱的房间或者闻到臭屁味也一样。如果空气中飘荡着新鲜面包的香气，或者如果我们偶然发现了一点小钱，我们就更乐于帮助他人。

但这并不能证明理性与道德全然无关，毕竟很多道德直觉都有理可循。当被问及酒后驾车为何不对时，没有人会惊讶得答不上话；当被问及帮拄拐之人撑门为何是一件好事时，也没有人会瞠目结舌；当被问及杀人为何比骂人更为恶劣时，没有人会困惑不解；当被问及雇主付给黑人雇员的工资低于白人雇员为何不妥时，也没有人会茫然不知。如果有人，比如一名孩童，对上述道德直觉提出疑问，那么我们就会大谈伤害、公平和平等，为我们的道德直觉做一番合理辩护。

在现实生活中，这样的道德理性也同样会给人带来影响，许多学者都将其记录在案。比如罗伯特·科尔斯（Robert Coles）[①]，他调查了美国民权运动时期生活在美国南部地区的黑人和白人儿童面临的激烈挣扎；还有卡萝尔·吉利根（Carol Gilligan）[②]，她采访了许多决定进行人工流产的年轻女性。在阅读他们的著作时，我们不难发现，很多人都曾努力通过思考来解决道德问题；我们也能看到，理性有时候会让人得出与周围其他人截然相反的结论。

访谈研究发现，出于道德原因而成为素食主义者的人往往能轻易阐明他们为何会作出这样的决定，比如强调吃肉会带来伤害（“在我发现农场动物饱受虐待和折磨之后，我就再也不能吃下任何动物了”），或者强调“动物权利”（“平心而论，动物也拥有生存和生活的权利，而且必然优于我们随心所欲吃肉的权利”）。心理学家卡伦·赫萨（Karen Hussar）和保罗·哈里斯（Paul Harris）采访了 48 名年龄介于 6~10 岁的儿童，他们都在非素食主义家庭长大，但却成为了素食主义者。研究者发现，

① 罗伯特·科尔斯，美国当代作家和儿童精神科医生。——译者注

② 卡萝尔·吉利根，美国当代伦理学家和心理学家，世界知名的女权主义者，在 1982 年出版了经典著作《不同的声音》（*In a Different Voice*），讨论了女性在怀孕和堕胎中遇到的困境。——译者注

所有孩子都为自己的选择作出了道德辩护。

这类道德思辨一向是生活的重要组成部分。一个曾亲眼观察过儿童交流互动的人一定会注意到他们探究日常道德困境的热情；他们常会争论教师体罚学生是否太残酷，不付费下载音乐是否正当。成年人当然也常会反复思考、忧心焦虑甚至激烈争辩：什么才是正确的做法？我们谈论的不仅仅是堕胎、死刑和其他重大的道德和政治问题，还包括许多发生于当时当地的“小”事：如果同事酗酒嗜饮，我们应该如何处理？如果某位亲戚不打算还我借给他的钱，我该拿他怎么办才好？如果我不按时把书稿交到编辑手里，情况会有多糟糕？

可见道德思辨无处不在，但是心理学家往往轻视了它的重要性。部分原因在于，所有心理学家都热衷于追逐那些有悖于常理的新发现。如果心理学家发现人们拥有某种难以解释的道德直觉，那是一件多么令人兴奋的事，而且还有望在顶级期刊发表论文！但如果心理学家发现人们拥有某种很容易解释的道德直觉——比如酒驾是错误的，那么显然没多少人感兴趣，而且也不太可能被学术期刊接纳发表。如果有人发现，人们在给罪犯量刑的时候会受到某些他们自己都未曾留意的因素（比如房间里是否有旗子），或者他们有意识否认的东西（比如罪犯的肤色）的影响，那将多么引人入胜！但如果有人发现，人们提出的惩罚措施会受到理性因素的影响，比如犯罪的严重程度，或者罪犯过去的犯罪记录，那该会多么无趣。有趣的现象：如果空气中飘荡着新鲜面包的香气，那么我们就更愿意帮助他人。无趣的现象：如果有人曾经友善地对待我们，那么我们就更愿意帮助他。

我们有时候会把这种学术出版界的偏好抛在脑后，认为科学期刊和流行杂志上发表的东西就能准确地反映人类大脑是如何工作的。但这其实就跟看晚间新闻是一个道理。我们不能因为看了晚间新闻的报道就总结说，强奸、抢劫和谋杀对于所有人来说都是司空见惯的事——因为我们忘记了，晚间新闻不会报道绝大多数人的情况；而对于绝大多数人来说，新闻里报道的事情从来没有发生在他们身上。

打破先天的道德限制

但是理性思考能力需要经过一段时间才能发展出来，所以婴儿的道德生活必然十分局限。但是婴儿天生就拥有道德倾向性和道德情感；他可能会在这些因素的激励之下，试图缓解他人的痛苦，或者对他人的恶行感到愤怒，或者亲近那些出手惩罚犯错者的人。但是婴儿的道德生活还很不完善。最重要的是，婴儿缺少与“公正”有关的道德原则，即普遍适用于社群所有成员的禁令或准则。

这类道德原则是法律和司法系统的立足之本。彼得·辛格指出，每一种宗教和每一个道德哲学流派都曾作出关于“公正”的明确声明，也就是各式各样的“黄金定律”(The Golden Rule)[①]。比如基督的命令：“你若要人如何待你，你就应该如何待人。”又或者如犹太拉比希列 (Hillel)[②] 所说：“若你痛恨某事，那么千万不要对你的邻居做同样的事。这就是《律法书》的全部内容，其他都是对这句话的解释说明。”当孔子被学生问及如何用一个字来总结道德时，他回答道：“难道不是‘恕’吗？自己

① 黄金定律，又称“恕道”，指人应具有同理心。这一伦理概念屡见于各文化系统。——译者注

② 拉比希列，据信生活在公元前 1 世纪左右，是犹太著名的宗教领袖，也是犹太教早期发展过程中的一位关键人物。——译者注

不愿意的，不要强加于人。”[①] 康德认为，“黄金定律”是道德的核心内容：“只有当你同时愿意让某条准则成为普遍法则时，你才能依据这条准则行动。”亚当·斯密提出，应设立“公正的旁观者”来检验道德判断。边沁认为，在道德问题上，“每一个（人）都算一个，也只能算一个，不能超过此数”。约翰·罗尔斯认为，在我们思考社会公平和公正的时候，我们应当想象自己站在一道“无知之幕”背后，不知道自己将会在社会中扮演什么样的角色。亨利·西季威克（Henry Sidgwick）[②] 写道：“从宇宙的立场来看，任何个人的好坏都不比其他人的好坏更为重要。”

辛格认为，公平思想是人类历史发展过程中的一个重大发现，因为人需要面对其他理性之人，为自己的行为作出辩护。如果你在打人之后仅仅解释说“我就是想打他”，那么你只是在陈述个人私欲，不具备任何道德分量。你凭什么认为自己的快感可以凌驾于另一个人的痛苦之上？但如果你说“他先打了我”或“他偷了我的食物”，那就是真正的辩护了。因为这意味着，如果有人（包括被你打的那个人）和你处于同样的情境，也可以作出和你一样的行为。辛格还在这里引用了休谟的话作为佐证。休谟认为，要想作出真正的辩护，人必须要“抛弃自己的特殊情况，找到自己和其他人都认可的共同立场”。这才是“给出理性缘由”的真正含义。正如平克在评论辛格的观点时所说：“当你试图找出种种理由向别人解释为什么他不应该伤害你的时候，你就作出了一个以避免伤害为共同目标的承诺。”

---

① 子贡问曰：“有一言而可以终身行之者乎？”子曰：“其恕乎！己所不欲，勿施于人。”——译者注

② 亨利·西季威克，19 世纪英国著名的功利主义哲学家和经济学家，是古典功利主义的重要代表人物。其主要著作包括《伦理学方法》（*The Methods of Ethics*）等。——译者注

虽然我们讨论的是避免伤害，但是同样的道理也可以推广到其他方面。若想从共同行动（比如参与大型狩猎活动或共同抚育幼儿）中获益，人们必然需要协调彼此的行为，有些人可能还需要作出牺牲，才能给群体带来更大的收益。只有在遵循公平原则的内部赏罚制度建立起来之后，团队协作才有可能成为现实。在分配资源（比如食物）时，人们特别需要仰赖公平原则。如果有人想把一切都据为己有，高喊“我全都想要”，那么局面就会一发不可收拾，演变为一场哄抢，每个人的收益都会减少。但是如果有人说，“我希望进行公平分配”或者“我干活更辛苦，所以我想得到更多东西”，那么人类这种理性动物就可以理解他们。因为从原则上说，上述两条标准适用于我们所有人。

这样说来，公平原则就为我们调和人类理性和自利之间的矛盾提供了一个合理的解决方案，而这正是它出现的原因。但在公平原则的发展过程中，共情也扮演了相当重要的角色。如果你站在他人的立场上，你就会发现自己的愿望并没有什么特别之处。不只你不想受到伤害，他也不想受到伤害，她也不想受到伤害……由此归纳可知，没有人想受到伤害。这番归纳又能进一步支持我们在更大范围内推行反伤害禁令。因此，共情和公平往往相辅相成：共情让我们认识到自己并非特殊，为公平原则提供了支持；而公平原则又激励我们对更多人产生共情。

心理学家马丁·霍夫曼为我们讲述了一个真实案例，说明了共情和理性是如何协作的。那是一种被他称为“诱导”的父母陪护行为：如果一个孩子已经伤害或者打算伤害别人，父母就会强迫孩子从受害者的角度想问题。他们会说“如果你趁他们走路的时候往他们身上扔雪球，他们就不得不停下来从头清理一遍”，或者“他感到很难过，因为他本来对自己的积木塔颇为自豪，但是你却把它推倒了”。据霍夫曼估算，年龄介于2～10岁的儿童每年会听到大约4 000次诱导。我们可以将之视为一种“共情刺激”，旨在让儿童养成从受害者的角度想问题的习惯。同时，诱导还能起到重复论证的作用，不断对儿童重复同一个观点：你在道德上没有任何特权。

年幼儿童不只是道德观念的被动接受者，他们同时也是道德观念的创造者。看儿童发展出自己的道德观念，就好像是在“重演”人类祖先被迫运用理性来替自己的行为作辩护的过程。心理学家梅拉妮·基伦和亚当·拉特兰（Adam Rutland）曾把一群三岁半的儿童带到一个房间里，记录下他们在没有成年人陪护的情况下玩耍、互动的经过。研究者完美地捕捉到了儿童进行道德规劝的过程：

露丝：（拿起两个“费雪牌”玩具人偶）嘿，我想要这个绿色的小人。不如我们交换一下？你可以拿走这个（说着把蓝色小人递给迈克尔），然后我拿走绿色小人。你说好不好（她伸手去够迈克尔手里的绿色小人）？

迈克尔：不行！我们已经交换过了。我想要这个（抓紧了绿色小人）。我现在就想要它。你以前已经玩过它了。

莉莉：嘿，你们俩都可以拿我的汤勺，如果你们想要的话（她把汤勺拿给迈克尔和露丝看）。

露丝：不，我想要那个绿色小人。

迈克尔：我才不会拿我的任何一个小人做交换（攥紧了自己的玩具）。

莉莉：（唱道）我才不会拿我的任何一个小人做交换。

露丝：（唱道）我才不会拿我的任何一个小人做交换。

莉莉：你们看，这可不公平，因为我一个小人都没有（撅嘴）。

迈克尔：（对露丝）给她一个小人吧！

露丝：但是你有三个，她一个也没有，而我只有一个。所以这不公平！

莉莉：是哇，我一个也没有。

露丝：（对迈克尔）你看这样好吗？如果你给我绿色小人，我就会给她红色小人，我们每个人就都有一个小人了。[①]

迈克尔：但如果你不给我红色小人，那么我就不会邀请你来参加我的生日派对。

莉莉：但我还是一个也没有。

露丝：好吧，（对莉莉说）我把这个给你，然后我从迈克尔手里拿走那个，我们每个人就都有一个小人了。这样可以吗？

迈克尔：（把橙色小人递给露丝）好！但是我们可以明天再做一次交换吗？

露丝：（唱道）生日派对！（从迈克尔手里接过橙色小人，然后把红色小人递给莉莉）。

莉莉：（唱道）生日派对！

迈克尔：（唱道）生日派对！

本书已经回顾过不少研究。我们从中了解到，年幼儿童在分配资源的时候特别吝啬小气。如果分配资源的另有其人，那么他们很可能会强烈推崇等分原则；但如果轮到他们自己给别人分配资源，他们往往会为自己留下最大的一份。但在露丝、莉莉和迈克尔的互动过程中，吝啬成分相对来说还是比较少的。他们选择了进行交换——很大程度上是因为他们不得不这么做。一如辛格的假设：我们生活在远古的祖先不可能因

① 事实上，迈克尔将会拥有两个小人，露丝和莉莉各有一个。在实验中孩子们数错了。论文作者、本书作者和译者都保留了记录原貌，未做修改。——译者注

为“我想给”这样的理由而交出资源；他们不得不为自己的行为找出正当理由，并照其行事。

不过他们的自辩方式相当丰富。在上述案例中，孩子们时不时会唱起歌来，你听到歌声的机会可比在一般哲学研讨会上大多了。而且迈克尔还曾经威胁过露丝。但他们最后都遵守了公正原则——而不仅仅是提出要求，或者表达个人喜好。莉莉和露丝都坚持认为（而且迈克尔最终也同意），“公平”能让每个孩子至少拿到一个玩偶。比如莉莉说：“你们看，这可不公平，因为我一个小人都没有。”迈克尔则遵循另一重原则，认为某个玩具可以在不同时间归不同人所有：“我现在就想要它。你以前已经玩过它了。”

虽然纠纷就此结束，但也并不是非结束不可。迈克尔可能会采取别的方式来回应莉莉和露丝，比如拿其他理由争辩他为什么应该留着自己的全部玩具——他可能会说，这些玩具本来就归他所有，或者他比其他人都更喜欢它们。他甚至可能说服其他孩子，自己提出的理由可以凌驾于等分原则之上。推理可能会把我们引向令人惊奇的方向。

但是，一旦我们认可了公平原则，它就能钳制我们的自私自利。我们甚至甘愿作出牺牲，去做自己认为正确的事。我们可以列举出许多杰出人物，比如奥斯卡·辛德勒，他甘冒失去一切的风险，从纳粹大屠杀中挽救了许多犹太人的生命；又比如保罗·路斯沙巴吉那（Paul Rusesabagina），他曾在卢旺达大屠杀期间为图西人提供庇护。不过我个人最喜欢的人物，还是电影《卡萨布兰卡》里亨弗莱·鲍嘉扮演的里克·布莱恩。在影片最后，里克向他的情人伊尔莎·隆德解释她为何应该离开自己，跟她丈夫一起离开卡萨布兰卡。他提出的理由正是一番关于道德公正的动人自白：“你看，我虽然没有什么高尚的地方，但是我也不难明白：在这疯狂的世界里，三个小人物之间的问题根本算不得什么大事。”

我们应当把里克的这番话铭记在心，特别是在这个我们都是“激情的奴隶”这一观念甚嚣尘上的时代，认为我们的道德判断和道德行为都来自于我们觉察不到的神经活动，不能有意识地进行控制。如果我们的道德本质当真如此，我们也需要振作起来，学会接受现实。但这一观点并非正确，它受到了日常经验、人类历史和发展心理学的反驳。

事实上，我们的道德生活其实分为两个部分。首先，是我们天生就具备的道德本能，而且其丰富程度令人瞠目结舌：婴儿都是道德动物，生来就拥有进化出来的共情和同情意识；他们还有能力评判他人的行为，甚至对正义和公平都有一些初步的了解。然而，我们已经远远超越了婴儿的局限。我们道德意识中的另一个关键部分，是在人类历史进程和个人发展过程中逐渐产生的。人之所以为人，很大一部分原因就在于此：道德不单来源于人类的本能，还来源于我们的同情心、想象力和卓越的理性思考能力。

Dedicated to Elaine Reiser and Murray Reiser,
for their love and support.

致谢

自从我记事起，就开始对道德问题感兴趣了。但促使我写作本书的原因是我于 2007—2008 年在美国约翰·霍普金斯大学进行的一系列题为“宗教的认知科学”（The Cognitive Science of Religion）的讲座，其中有两次讲座专门探索了道德和宗教信仰之间的关系。因此，我要感谢梅塔尼克斯研究所（the Metanexus Institute）、约翰·邓普顿基金会（the John Templeton Foundation）和克里格艺术与科学学院（the Krieger School of Arts and Sciences）为这一系列讲座提供的支持。

在系列讲座结束之后，我暂时把道德问题放在一边，写了一本主题截然不同的书，然后在 2010 年时才又重新回到道德问题上来。当时我为《纽约时报杂志》写了一篇文章，名为《婴儿的道德生活》(*The Moral Life of Babies*)。我特别感谢编辑亚历克斯·斯达 (Alex Star) 和杰米·赖尔森 (Jaime Ryerson),他们对这一主题很感兴趣,并为我提供了大量编辑指导。接着,我的代理人卡金卡·马特森 (Katinka Matson) 说服我进行这次大胆尝试。这是我跟卡金卡合作的第三本书了。她是一位睿智、诚实的女性，对我给予了很大支持——能得到她的帮助，是我的荣幸。

我在 2011 年时应邀在耶鲁大学以“日常生活中的道德”为题进行了一系列“德韦恩讲座”(the DeVane Lectures)。这一系列讲座可以说是本书中许多问题的预演。我要感谢当时耶鲁大学的校长理查德·莱文(Richard Levin)，还有当时的教务长彼得·沙洛维 (Peter Salovey ，现任耶鲁大学校长) 给予我这次宝贵的机会。我同样感谢他们的辛勤工作，让耶鲁大学成为一个如此优秀的知识社群。对于一名教师和学者来说，这世界上没有更好的去处了。

我在本书中讨论的耶鲁大学婴儿研究，得到了美国国家科学基金会和美国国家卫生研究院的资助。我对他们的鼎力支持深怀感激。

在本书逐渐成型的过程中，很多同事和朋友都曾为我排疑解难。他们阅读了本书的部分章节，为我提供了许多建议，帮助我厘清问题。为此我要感谢 Catherine Alexander、John Bargh、Rodolfo Cortes Barragan、David Berreby、Peter Blake、Adam Cohen、Val Curtis、John Dovidio、Carol Dweck、Brian Earp、Deborah Fried、John Gibbs、Adam Glick、Kiley Hamlin、Edie Hofstatter、Frank Keil、Melanie Killen、Joshua Knobe、Valerie Kuhlmeier、Robert Kurzban、Marianne LaFrance、Megan Mangum、Gregory Murphy、Shaun Nichols、Kristina Olson、Wendy

Phillips、David Pizarro、David Rand、Laurie Santos、Sally Satel、Richard Shweder、Luca Surian 和 Karen Wynn。我还要特别感谢塔玛·詹德勒(Tamar Gendler)和乔舒亚·格林纳。他们和我就书中的问题进行了多次讨论，对本书初稿提出了许多犀利的意见。

我在一次关于道德心理学的大学研讨会上谈论了本书中的许多想法，我要感谢参与讨论和论辩的学生们。我还和我的实验团队讨论了本书初稿，成员包括本科生、研究生和博士后研究员。我要感谢 Konika Banerjee、Jennifer Barnes、Lindsey Drayton、Thalia Goldstein、Lily Guillot、Jonathan Phillips、David Pietraszewski、Alex Shaw、Mark Sheskin、Christina Starmans 和 Annie Wertz，他们为我提供了许多睿智而富有建设性的意见。

我还要感谢我在皇冠出版集团(Crown Publishing Group)的编辑雷切尔·克雷曼(Rachel Klayman)，她对本书充满信心，并在本书写作过程中提出了许多睿智的忠告。还有她出色的编辑助理斯蒂芬妮·陈(Stephanie Chan)，她就本书初稿提出了大量卓有见地的看法，引导我重新思考、组织本书中的许多论题。在她们的帮助之下，我感到本书得到了极大的改善——肯定是薄了许多。

我也要感谢我的家人——无论是小家庭还是大家庭的家人，无论是真实的亲属还是虚拟称谓的亲属。我要感谢他们的支持。我还要特别致谢我两个正在青春期的儿子，马克思和扎卡里，感谢他们的爱与陪伴，还有那无数个小时的愉快辩论。现在，我希望至少能说服其中一个加入我们心理学研究的家族生意。

最后，我要把最大的谢意致予我的爱妻卡伦·温。我不是那种把工作和家庭截然分开的人。卡伦在耶鲁大学婴幼儿认知中心担任主管，我在婴儿道德方面进行的全部研究都是跟卡伦和她的学生们合作进行的。本书提出的观点都是经过我和卡伦长达数年的讨论才逐渐成形。她的善良、智慧和关爱令我受益匪浅。本书的书名也是她的贡献。

译者后记

2014 年初，我偶然在 Coursera 上注册了一门 MOOC 课程，名为“日常生活中的道德”，讲者正是本书作者——美国耶鲁大学的保罗·布卢姆教授。布卢姆教授的演讲细致透彻又风趣幽默。在他的指点下，我阅读了本书的部分章节，很快就被他的精彩语言、严谨论证和出色实验深深折服，一颗译介之心早已躁动不安，很想用自己的母语把这本小书和布卢姆教授介绍给中文世界。不久之后，湛庐文化的编辑季阳老师找到我，想请我来翻译这本书。这可真是正中下怀、当仁不让。

布卢姆是美国当代著名的进化发展心理学家，目前主要研究道德心理和人类的道德理性。正如布卢姆教授所言，现代心理学虽然和哲学关系匪浅（后者可能正是前者的起源之一），但是在几代学者的努力之下，当代心理学早已采用科学的探究方法发展出自己的一套科学实证体系。发展心理学是心理学的分支之一，重点研究人一生的心理变化。而进化发展心理学又更进一步，用达尔文的基本进化理论，特别是自然选择理论，来阐释人类的心理发展，研究基因和环境对人类心理的塑造和影响。

如果要研究基因和环境对于道德的影响，那么我们最好能将这二者分离开来。既然如此，还有什么办法能比研究刚出生的婴儿更好呢？布卢姆教授试图通过实验证明，人类的道德情感并不完全是后天习得的；就算是甫一出生的婴儿，也拥有一定的先天道德——而且相当丰富，简直令人惊异。婴儿的道德情感包括同情、共情、羞耻、原始的公平和义愤，还有厌恶；婴儿甚至在三个月时就已经具备了一定的道德判断能力。他还试图证明，人类的道德情感会在一生中因为环境和基因的共同作用而不断发展变化，或者变得更为深刻、丰富，或者变得更为扭曲、狭隘。他也重新发现了人类道德理性的重要，“理性沉睡，心魔生焉”，这来自启蒙时代的遥远警响在最近数十年来似乎已逐渐式微，臣服于休谟的看法——“我们都是激情的奴隶”。但布卢姆教授试图证明，人类拥有理性思考的能力；我们虽然曾是婴儿，但是我们早已超越于婴儿的局限。因为道德不单来源于人类的本能，还来源于同情、想象和理性思考。

作为科学家的布卢姆教授以天马行空的奇思妙想和严谨的科学思维设计实验，也以最犀利的眼光进行审查和讨论，其学术成就有目共睹，在同侪科学家中有口皆碑。他也让我们看到，科学家绝非不善言谈、孤高自傲之人；科学著作也并非一定艰涩难懂、了无意趣，把普通读者隔绝在外。他是一位出色的教师，拥有丰富的知识和广博的眼界，对语言更是运用自如。他时常妙语连珠令人捧腹，隽语箴言又令人醍醐灌顶。须知杰出教师的一大共通之处就是了解自己的听众，懂得用最适宜的言辞向学生解释庞大芜杂的体系，在条分缕析的同时也传递科学的薪火。布卢姆教授便是这样一位难得的教师，修过他课程的学生几乎无不对他赞誉有加。

这本小书与他的课堂风格别无二致。我在翻译本书的过程中，仿佛又一次看到他站在耶鲁大学的演讲台上，时而缓缓踱步，时而手舞足蹈；又仿佛看他走下演讲台坐到对面，与我侃侃而谈，聊起心理学的历史、学界最近的发展，还有他自己的种种思考。他在阐述人类后天的道德发展和道德差异时，曾引用了一则“历史学之父”希罗多德记述的故事——这位古希腊先贤曾经在2 500年前漫游地中海，观察和记录了不同文化的道德差异。布卢姆教授说：“旅行能开阔视野，而阅读文学作品亦是一种旅行。”这句话令我永志难忘。我也希望这本观点新锐而不失趣味的小书，能给读者诸君带来同样的触动和愉悦。作为译者，幸甚至哉。

在翻译本书的过程中，我也得到了许多朋友的慷慨帮助，和他们就书中提到的问题进行了不少有趣的讨论。我想在此特别致谢魏旻萱、李桐、何洁、谢婷、张穆君、邓斯琪和方海朝，感谢他们的敏锐、犀利、耐心和陪伴。

2014年10月26日

记于香港雨来馆

未来，属于终身学习者

我这辈子遇到的聪明人（来自各行各业的聪明人）没有不每天阅读的——没有，一个都没有。巴菲特读书之多，我读书之多，可能会让你感到吃惊。孩子们都笑话我。他们觉得我是一本长了两条腿的书。

———查理·芒格

互联网改变了信息连接的方式；指数型技术在迅速颠覆着现有的商业世界；人工智能已经开始抢占人类的工作岗位……

未来，到底需要什么样的人才？

改变命运唯一的策略是你要变成终身学习者。未来世界将不再需要单一的技能型人才，而是需要具备完善的知识结构、极强逻辑思考力和高感知力的复合型人才。优秀的人往往通过阅读建立足够强大的抽象思维能力，获得异于众人的思考和整合能力。未来，将属于终身学习者！而阅读必定和终身学习形影不离。

很多人读书，追求的是干货，寻求的是立刻行之有效的解决方案。其实这是一种留在舒适区的阅读方法。在这个充满不确定性的年代，答案不会简单地出现在书里，因为生活根本就没有标准确切的答案，你也不能期望过去的经验能解决未来的问题。

而真正的阅读，应该在书中与智者同行思考，借他们的视角看到世界的多元性，提出比答案更重要的好问题，在不确定的时代中领先起跑。

湛庐阅读 App：与最聪明的人共同进化

有人常常把成本支出的焦点放在书价上，把读完一本书当作阅读的终结。其实不然。

时间是读者付出的最大阅读成本

怎么读是读者面临的最大阅读障碍

“读书破万卷”不仅仅在“万”，更重要的是在“破”！

现在，我们构建了全新的“湛庐阅读”App。它将成为你“破万卷”的新居所。在这里：

- 不用考虑读什么，你可以便捷找到纸书、电子书、有声书和各种声音产品；
- 你可以学会怎么读，你将发现集泛读、通读、精读于一体的阅读解决方案；
- 你会与作者、译者、专家、推荐人和阅读教练相遇，他们是优质思想的发源地；
- 你会与优秀的读者和终身学习者为伍，他们对阅读和学习有着持久的热情和源源不绝的内驱力。

下载湛庐阅读 App，
坚持亲自阅读，
有声书、电子书、阅读服务，
一站获得。

CHEERS

本书阅读资料包

给你便捷、高效、全面的阅读体验

本书参考资料

湛庐独家策划

- 参考文献
  为了环保、节约纸张，部分图书的参考文献以电子版方式提供
- 主题书单
  编辑精心推荐的延伸阅读书单，助你开启主题式阅读
- 图片资料
  提供部分图片的高清彩色原版大图，方便保存和分享

相关阅读服务

终身学习者必备

- 电子书
  便捷、高效，方便检索，易于携带，随时更新
- 有声书
  保护视力，随时随地，有温度、有情感地听本书
- 精读班
  2~4周，最懂这本书的人带你读完、读懂、读透这本好书
- 课　程
  课程权威专家给你开书单，带你快速浏览一个领域的知识概貌
- 讲　书
  30分钟，大咖给你讲本书，让你挑书不费劲

湛庐编辑为你独家呈现
助你更好获得书里和书外的思想和智慧，请扫码查收！

（阅读资料包的内容因书而异，最终以湛庐阅读App页面为准）

倡导亲自阅读

不逐高效，提倡大家亲自阅读，通过独立思考领悟一本书的妙趣，把思想变为己有。

阅读体验一站满足

不只是提供纸质书、电子书、有声书，更为读者打造了满足泛读、通读、精读需求的全方位阅读服务产品——讲书、课程、精读班等。

以阅读之名汇聪明人之力

第一类是作者，他们是思想的发源地；第二类是译者、专家、推荐人和教练，他们是思想的代言人和诠释者；第三类是读者和学习者，他们对阅读和学习有着持久的热情和源源不绝的内驱力。

CHEERS

以一本书为核心

遇见书里书外，更大的世界

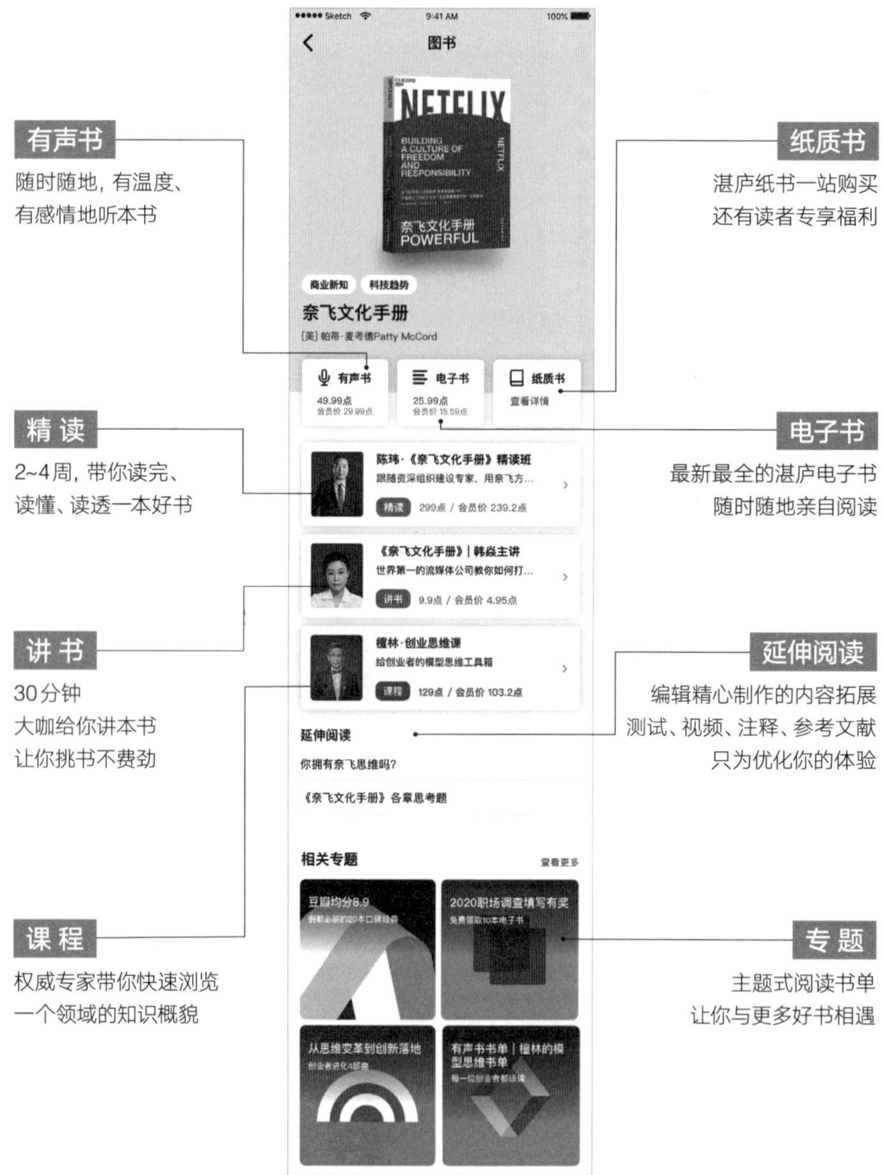

图书在版编目（CIP）数据

善恶之源 /（美）布卢姆著；青涂译．—杭州：浙江人民出版社，2015.3（2023.11重印）

ISBN 978-7-213-06438-8

Ⅰ.①善…　Ⅱ.①布…　②青…　Ⅲ.①善恶－研究　Ⅳ.①B82

中国版本图书馆 CIP 数据核字（2014）第 278274 号

浙江省版权局
著作权合同登记章
图字:11-2014-232 号

上架指导：心理学 / 认知心理学

本书法律顾问　北京市盈科律师事务所　崔爽律师

善恶之源

作　　者：［美］保罗·布卢姆　著

译　　者：青涂　译

出版发行：浙江人民出版社（杭州体育场路347号　邮编　310006）

市场部电话：（0571）85061682　85176516

集团网址：浙江出版联合集团　http://www.zjcb.com

责任编辑：金　纪

责任校对：张谷年

印　　刷：天津中印联印务有限公司

开　　本：710mm ×965 mm　1/16　　**印　　张：**15

字　　数：18.3万　　**插　　页：**3

版　　次：2015年3月第1版　　**印　　次：**2023 年 11 月第 7 次印刷

书　　号：ISBN 978-7-213-06438-8

定　　价：49.90 元